Camille Bellaigue

Trois Maîtres d'Italie

Histoire de l'Art

 Le code de la propriété intellectuelle du 1er juillet 1992 interdit en effet expressément la photocopie à usage collectif sans autorisation des ayants droit. Or, cette pratique s'est généralisée dans les établissements d'enseignement supérieur, provoquant une baisse brutale des achats de livres et de revues, au point que la possibilité même pour les auteurs de créer des œuvres nouvelles et de les faire éditer correctement est aujourd'hui menacée. En application de la loi du 11 mars 1957, il est interdit de reproduire intégralement ou partiellement le présent ouvrage, sur quelque support que ce soit, sans autorisation de l'Éditeur ou du Centre Français d'Exploitation du Droit de Copie , 20, rue Grands Augustins, 75006 Paris.

ISBN : 978-1979194853

10 9 8 7 6 5 4 3 2 1

Camille Bellaigue

Trois Maîtres d'Italie

Histoire de l'Art

Table de Matières

I. PALESTRINA   6

II. MARCELLO   39

III. PERGOLÈSE   75

I. PALESTRINA

Œuvres complètes de Palestrina : Breitkopf et Haertel, Leipzig. — *Anthologie des maîtres religieux primitifs*, publiée par M. Charles Bordes, directeur-fondateur de l'*Association des chanteurs de Saint-Gervais*, — *Memorie storico-critiche della vita e delle opere di Giovanni Pierluigi da Palestrina*, compilate da Giuseppe Baini. Roma, 1828. — *Kirchenmusikalisches Jahrbuch*, herausgegeben von Dr Fr. X. Haberl ; Friedrich Pustet, Regensburg ; *passim*.

Puissant Palestrina ! Vieux maître, vieux génie,
Je vous salue ici, père de l'harmonie ;
Car, ainsi qu'un grand fleuve où boivent les humains,
Toute cette musique a coulé de vos mains.
VICTOR HUGO.

I

En 1524 selon le témoignage déjà ancien de l'abbé Baini, en 1526 d'après les plus récentes recherches du docteur Haberl, Clément VII étant pape et Charles-Quint empereur, naquit à Palestrina, au pied des montagnes de Sabine, l'enfant qui devait faire un jour sien et célèbre à jamais le nom de sa ville natale. Il s'appelait Giovanni Pierluigi. Ses parents, Santi Pierluigi et Maria Ghismondi, étaient de petits bourgeois et possédaient un peu de bien : une maisonnette avec quelques châtaigniers, sur les pentes escarpées d'où la bourgade qui fut Préneste regarde encore les horizons romains.

Dès ses premières années, Giovanni, ou, comme on le nommait familièrement, Gianetto, aima la musique et l'étudia. « *Cui quidem scientiæ totum me a puero dedi*, » écrira-t-il plus tard dans la dédicace d'une de ses œuvres au pape Grégoire XIII. On sait peu de chose de son enfance. On peut seulement supposer que de temps en temps, les jours de fêtes religieuses surtout, le petit montagnard descendait à Rome pour y assister aux offices. Ainsi font encore aujourd'hui les gens de la campagne, les *contadini* de Tivoli, ceux de Frascati et d'Albano. Un matin, raconte la légende, un matin que l'enfant, *cantando secondo l'uso dei giovanetti*, traversait la place de Sainte-Marie-Majeure, le maître de chapelle l'entendit et le fit entrer aussitôt dans sa *scuola*. Les musiciens gallo-belges régnaient alors à Rome et dans le reste de l'Italie. Toutes les grandes chapelles étaient dirigées par des Flamands. C'est eux, écrit Guichardin, qui ont « restauré la musique et l'ont ramenée à la perfection. Elle leur est tellement propre et naturelle, que chez eux hommes et femmes chantent d'instinct en mesure, *con grandissima grazia e melodia.* » Un des plus fameux parmi ces artistes venus du Nord était le Français Claude Goudimel. Il tenait école à Rome, et Palestrina semble bien avoir été son élève pendant quatre ans, de 1540 à 1544.

Le 28 octobre 1544, par contrat passé avec le chapitre de la cathédrale de Palestrina, « Giovanni, musicien, fils de Santi Pierluigi », se voyait attribuer le revenu d'un canonicat, à la condition qu'il tiendrait l'orgue les jours de fête ; que tous les jours il prendrait part au chant de la messe, des vêpres et des complies, et qu'il enseignerait la musique aux chanoines et aux enfants. Il n'exerça pas longtemps ces modestes fonctions. Il avait épousé une jeune fille de la ville, Lucrezia de Goris, qui peu après héritait de sa mère quelques arpents de vigne et de prairie. En 1531, le cardinal-évêque de Palestrina, Giovanni del Monte, étant devenu pape sous le nom de Jules III, appela à Rome son jeune concitoyen. Il lui confia la maîtrise de la chapelle Giulia, fondée autrefois par Jules II, et qui n'était autre que la chapelle de Saint-Pierre [1]. Ici commence véritablement la carrière artistique de Palestrina. Trois ans plus tard, en 1554, il dédiait au pape Jules III son premier volume de messes, la première œuvre de musique sacrée qu'un Italien eût encore offerte à un souverain pontife.

Sensible à cet hommage, plus sensible encore à la naissante renommée de Palestrina, le pape résolut de s'attacher plus étroitement le musicien. Lui retirant la maîtrise de Saint-Pierre, qui fut donnée au Florentin Animuccia, un ancien condisciple de Palestrina à l'école de Goudimel, il le nomma chanteur de sa propre chapelle. La nomination n'alla pas sans difficultés : elle contrevenait à certains règlements établis par le pape lui-même touchant le recrutement des chanteurs. Les futurs collègues de Palestrina s'en émurent et protestèrent à l'avance. Le pape tint bon, dérogea par bref spécial aux règlements en question, et le 13 janvier 1555, en dépit de la compagnie et peut-être un peu en dépit de lui-même, car il aimait sa basilique vaticane, Palestrina fut agrégé d'office à la corporation des chanteurs pontificaux.

Il n'y demeura que six mois. Jules III étant mort, Marcel II le remplaça ; pour peu de temps, car il mourut lui-même après un règne de trois semaines. A Marcel II succéda Paul IV le réformateur, Paul IV le terrible. Dès les premiers jours de son avènement, au commencement de juillet 1555, le nouveau pontife appela devant lui les députés du collège des chapelains chanteurs apostoliques, et leur demanda si tout se passait en leur chapelle selon les règles des charges et offices de la cour romaine, fixées par le cinquième concile œcuménique de Latran[2]. Les députés répondirent affirmativement. Le pape alors leur rappela certaine constitution de Léon X, laquelle enjoignait aux chanteurs, sous les peines les plus sévères, « de vivre avec la modestie et selon la scrupuleuse moralité qui conviennent à de bons prêtres. » N'avait-il pas appris cependant que plusieurs d'entre eux non seulement n'étaient pas prêtres, mais pas même clercs ! Les députés convinrent que trois d'entre eux en effet étaient mariés : Leonardo Baré, Domenico Ferrabosco et Giovanni Pierluigi. Mais tous trois n'en avaient pas moins été nommés expressément par les précédents pontifes. A quoi Paul IV répliqua que ses prédécesseurs avaient fait à leur guise, et qu'il ferait, lui, à la sienne. Il dénonça le relâchement de la discipline et insista sur la nécessité de la restaurer. En vain les députés opposèrent respectueusement les droits acquis et l'inamovibilité reconnue, hors les cas d'indignité, aux chanteurs apostoliques ; le pape les congédia, leur donnant avec sa bénédiction l'assurance qu'il allait tout régler pour le bien de tous. Et le 30 juillet, un bref pontifical, sévèrement motivé, destituait de leur charge le marié Palestrina et ses deux collègues, leur laissant en guise de compensation, ou de consolation, une pension de six écus d'or par mois.

Le coup fut sensible à Palestrina. « Tous les soucis, dit-il dans une de ses dédicaces, tous les soucis sont ennemis des Muses, mais ceux-là surtout que nous apportent les nécessités domestiques. » Il les connut alors. Heureusement, le 1er octobre 1555, deux mois seulement après son exclusion de la chapelle papale, il était nommé à la maîtrise de Saint-Jean de Latran. Il y demeura six ans, mélancolique et laborieux, écrivant ses premières œuvres, entre autres les *Improperia*, achetant parfois quelques pieds de vigne au penchant des montagnes natales. Mais toujours il se souvenait de Saint-Pierre, sa chère basilique, à laquelle on l'avait enlevé. Jeune encore, il avait éprouvé déjà les caprices du sort, et dans ses rares jours de liberté, parti le matin de Rome, lorsqu'il arrivait au soleil couchant devant son modeste enclos, il dut plus d'une fois redire les paroles du prophète, qu'il a si éloquemment chantées : « O ma vigne, ma vigne élue, comment ta douceur s'est-elle changée en amertume ? »

Cependant il travaillait sans relâche, ainsi qu'il travailla toujours. De cette époque datent plusieurs de ses madrigaux. En 1561 il quitta la maîtrise mal rétribuée de Saint-Jean de Latran pour celle de Sainte-Marie-Majeure. Deux ans plus tard, après dix-huit années de session, le concile de Trente se séparait, et le 2 août lo64 Pie IV, qui avait remplacé Paul IV sur le trône pontifical, nommait une commission de huit cardinaux, dont le cardinal Vitellozzo et le cardinal Charles Borromée, pour veiller à l'exécution des arrêts du concile.

C'est ici l'époque la plus importante de la vie de Palestrina. Décrets du concile de Trente relatifs à la musique sacrée, attributions et fonctionnement de la commission cardinalice, composition de la *Messe du pape Marcel* ; — autour de ces quelques points s'était épaissi un brouillard de légende, que l'érudition allemande semble avoir aujourd'hui dissipé. Il n'y a pas de sujet sur lequel on se soit plus longtemps et plus diversement trompé, que la réforme de la musique religieuse au XVIe siècle, ses origines, ses promoteurs ou ses patrons, son accomplissement, et enfin la part qu'y prit l'auteur de la fameuse *Messe du pape Marcel*. Très abondants et souvent très véridiques, les Mémoires de l'abbé Baini avaient jusqu'ici fait autorité ; mais depuis une vingtaine d'années, cette autorité a été ébranlée. Des lumières nouvelles sont venues d'Allemagne, de cette école et de cette revue de musique sacrée dirigées l'une et l'autre par le savant, l'infaillible docteur Haberl, maître de chapelle de la cathédrale de Ratisbonne et éditeur de Palestrina. Sur le point spécial qui nous arrête, Baini jadis avait eu le mérite de rectifier plus d'une erreur. M. Haberl à son tour, armé de documents authentiques, est venu tantôt confirmer, tantôt réfuter les dires de Baini. Peut-être n'est-il pas sans intérêt d'exposer selon Baini d'abord, puis selon M. Haberl, l'état ancien et l'état actuel de la question.

Des nombreux reproches communément adressés à la musique religieuse antérieure à Palestrina, l'abbé Baini rejette les uns et retient les autres. Il a démontré d'abord que cette musique ne péchait ni par l'abus des ornements ou des fioritures, ni par la confusion des voix avec les instruments. L'ornementation musicale est postérieure à l'époque palestinienne : le trille notamment ne date que de la fin du XVIe siècle. Quant aux instruments, ils n'accompagneront pas les voix à l'église avant le milieu du XVIe siècle également. C'est donc par d'autres, par deux autres vices que la musique sacrée était corrompue et menaçait de périr. De ces deux vices, l'un était la complication technique poussée à tel point, que, dans le chaos des imitations, canons et artifices de tout genre, les paroles chantées ne s'entendaient plus ; l'autre était l'introduction dans la musique sacrée d'éléments profanes et parfois impurs. De ces abus et de ces scandales les exemples sont nombreux et connus. La scolastique du moyen âge avait mis la pensée musicale à la gêne, et de cette pensée l'écriture s'ingéniait à reproduire en figures saugrenues, — comme le canon de la croix ou celui de l'écrevisse, — les puériles fantaisies, les contraintes odieuses, les inversions et les contorsions contre nature. Quant au texte, il étouffait sous cet amas de notes, dans cette gangue barbare, et d'ailleurs il avait depuis longtemps cessé de compter pour rien. Les diverses voix chantaient habituellement des paroles diverses. Ainsi, dans une messe de Hobrecht, tandis qu'une des parties attaquait l'*Incarnatus*, les autres accompagnaient avec : *O clavis David et sceptrum domûs Israël*.

Non content de compliquer ainsi la musique d'église, le moyen âge l'avait profanée. Les messes, écrites à l'origine sur des mélodies de plain-chant dont elles prenaient le titre : messe *Ave Maria*, messe *Viri galilæi*, messe *Ecce sacerdos magnus*, avaient fini par être composées sur les thèmes populaires les moins canoniques, voire les plus inconvenans. C'était, en Italie : *Mio marito mi ha infamato*, ou : *Baciate mi, o cara*. En France : *A l'ombre d'un buyssonet*, ou la fameuse chanson de l'*Homme armé*, dont se servit encore Palestrina lui-même. Dans une messe de Hobrecht, au *Kyrie*, le ténor chantait : *Je ne vis oncques la pareille* ; au *Sanctus* : *Gracieuse gente meunyère* ; au *Benedictus* : *Madame, faites-moi savoir*. On allait parfois jusqu'à parodier les textes sacrés, et pour rappeler à Louis XII une promesse qui n'avait pas été tenue, Josquin des Près, dit-on, composa et dédia au roi un psaume sur ces paroles de fantaisie : « *Memor esto verbi tui servo tuo*. Souviens-toi de la parole donnée à ton serviteur. »

Complication des parties empêchant l'audition des paroles, usage des thèmes profanes, voilà donc les deux vices dont il fallait purger la musique religieuse. Quant à l'accomplissement de cette double réforme, nous allons d'abord en demander le roman aux *Mémoires* de Baini ; puis les *Annales* du docteur Haberl nous en fourniront l'histoire.

Pie IV, ayant à cœur d'assurer l'exécution des ordonnances du concile de Trente qui venait de se séparer, avait nommé pour cela, nous l'avons vu, une commission de huit cardinaux. Pie IV, un Médicis, était un pontife somptueux, ami de l'élégance et du luxe. C'est lui qui avait persuadé à ses cardinaux de laisser aux femmes l'usage des carrosses et de remettre en honneur la chevauchée en brillant équipage. Il avait le goût de la musique, à laquelle il gardait même de la reconnaissance, car autrefois un joueur de luth lui avait prédit ses hautes destinées. Voici l'anecdote que rapporte à ce propos Baini ; elle est bien dans la couleur de la Renaissance. Le cardinal Pisani avait coutume, pour fêter son anniversaire, de réunir à sa table et de traiter magnifiquement ses collègues du Sacré-Collège. Or il y avait alors à Rome un enfant merveilleux, le petit Silvio Antoniano, qui excellait à jouer du luth et à improviser des chansons. Un jour que le cardinal Pisani donnait un de ses festins, vers la fin du banquet il fit entrer Silvio, pour charmer et réjouir les illustres convives *col fanciullo cantore, suonatore e poeta*. Les cardinaux firent fête à l'enfant, et l'un d'eux, Ranuccio Farnèse, ayant pris un bouquet, le lui donna pour qu'il le remît lui-même à celui des *porporati* qui devait un jour ceindre la tiare. L'*innocente garzoncello*, après avoir parcouru des yeux l'assemblée, marcha vers le cardinal Gian Angelo de Médicis et posa sur ses genoux la promesse embaumée ; puis, détachant le luth qui pendait à son cou, avec une grâce exquise il se mit à chanter les louanges du pontife qu'avaient désigné les fleurs. Lorsqu'en 1564 Pie IV institua la commission cardinalice, il n'avait sans doute pas oublié cette histoire.

Les cardinaux s'empressèrent de déléguer deux d'entre eux, le cardinal Vitellozzo et le cardinal Borromée, pour organiser la réforme musicale [3]. D'accord avec un certain nombre de chanteurs pontificaux qu'ils s'étaient adjoints, les deux prélats décidèrent la proscription des mélodies profanes et aussi des paroles *capricciose*, c'est-à-dire étrangères à la liturgie. Quant à l'intelligibilité du texte, les cardinaux la réclamaient impérieusement ; mais les chanteurs y voyaient un sérieux obstacle dans le système existant alors de la polyphonie, du contrepoint vocal, et des imitations. Leurs Eminences avaient beau citer en exemple les *Improperia* de Palestrina, les chanteurs n'admettaient pas qu'on des œuvres de plus longue haleine un pareil résultat pût être obtenu.

Enfin on résolut de confier à Palestrina la composition d'une messe conforme aux conditions exigées. L'œuvre en cas de succès réhabiliterait la musique religieuse, dont elle fournirait pour l'avenir le modèle et le type ; en cas d'échec au contraire, elle en déciderait la condamnation et le bannissement. Palestrina tenait donc en ses mains le sort de son art bien-aimé. Pour plus de sûreté il écrivit trois messes, sur lesquelles le biographe italien nous renseigne. Le 28 avril 1565, toutes les trois furent exécutées devant la commission réunie à cet effet dans le palais du cardinal Vitellozzo. La troisième parut supérieure aux deux autres et de tout point admirable ; les chanteurs pontificaux furent invités à ne plus désormais chanter que des œuvres de ce style : la musique d'église était sauvée.

Les prélats ayant rendu compte de leur mandat au pape, celui-ci souhaita d'ouïr le chef-d'œuvre qu'ils lui vantaient, et, le mardi 19 juin 1565, le cardinal Borromée officiant solennellement à la chapelle Sixtine, en présence du pape, la messe de Palestrina fut exécutée pour la première fois. Le pontife, racontent les mémoires du temps, la trouva si belle, qu'il s'écria : « Voilà les harmonies que l'apôtre saint Jean entendit dans la céleste Jérusalem, et qu'un autre Jean vient de faire entendre à son tour dans la Jérusalem de la terre. »

Telle est la version légendaire, mais tenue très longtemps pour authentique, de cet épisode, un des plus importants de la vie de Palestrina et de l'histoire musicale du XVIe siècle. Le docteur

Haberl l'a formellement contredite, et, textes en main, convaincue d'inexactitude [4]. Il a établi premièrement que la commission, la fameuse commission de 1564, n'avait pas le moins du monde été constituée pour s'occuper spécialement des réformes musicales ordonnées par le concile de Trente. Aussi bien le concile, ainsi que les procès-verbaux en l'ont foi, ne s'était-il lui-même occupé que très incidemment et en termes généraux des susdites réformes [5]. En outre Baini appuyait son dire sur un bref pontifical ou *motu proprio* du 2 août 1564, nommant la commission cardinalice. Or ce *motu proprio*, que le docteur Haberl cite intégralement, ne contient pas un mot relatif à la musique. Il enjoint seulement aux cardinaux de réformer, suivant l'esprit du concile de Trente, certaines charges ou offices du Saint-Siège. Parmi ces offices figure la *Camera apostolica*, d'où les chanteurs pontificaux dépendaient. De tout ce qui concernait la *Camera*, l'examen ayant été spécialement attribué aux deux cardinaux Vitellozzo et Borromée, ceux-ci prirent en effet à l'égard des chanteurs certaines décisions, mais exclusivement disciplinaires, relatives à des questions de traitement, d'amendes ou de bénéfices, et parfaitement étrangères à la musique. D'une messe que la commission aurait commandée à Palestrina, on ne trouve trace nulle part. Le journal de la chapelle pontificale rapporte bien que le 28 avril 1565 les chanteurs, réunis chez le cardinal Vitellozzo, y exécutèrent quelques messes, *ad probandum si verba intelligerentur prout Reverendissimis placuit* ; » mais rien ne dit quelles étaient ces messes, ni si Palestrina assista à cette épreuve, ni si les cardinaux s'en déclarèrent satisfaits. Enfin le même journal, à la date du 19 juin 1565, enregistre seulement la célébration de la messe par le cardinal Borromée dans la chapelle Sixtine, en présence du pape ; il ne relate aucunement l'audition solennelle en ce jour d'une messe quelconque de Palestrina.

Mais alors quelles messes auraient donc été exécutées devant les cardinaux ? De certains documents que n'a pas connus Baini, le docteur Haberl conclut que ce dut être plusieurs messes, composées par des musiciens divers : par Animuccia par exemple, peut-être par Palestrina ; toutes d'ailleurs aussi conformes aux exigences du concile que cette *Messe du pape Marcel* à laquelle on a toujours injustement rapporté l'honneur intégral de la réforme. Il est possible que Palestrina l'ait fait entendre aux cardinaux ce jour-là ; il est certain qu'elle ne lui avait pas été commandée par eux. Le docteur Haberl suppose qu'elle fut composée plus tôt, entre 1551 et 1554, antérieurement au pontificat de Marcel II, dont un jour elle devait recevoir le nom. En tout cas, elle n'a été publiée sous ce titre qu'en 1567, et elle se trouve, antérieurement à cette publication et sans dédicace, dans les archives de Sainte-Marie-Majeure et de la chapelle Sixtine. Pourquoi donc Palestrina la dédia-t-il rétrospectivement au pape Marcel ? Parce que celui-ci, lorsqu'il n'était encore que le très artiste et très lettré cardinal Marcello Cervino, s'était souvent entretenu avec Palestrina, qu'il protégeait, des réformes depuis longtemps nécessaires et réclamées. Monté sur le trône pontifical, il les eût accomplies, mais la mort ne lui en laissa pas le temps. Palestrina se souvint que du moins il les avait souhaitées, et si douze ans plus tard lui-même consacra l'une de ses messes à la mémoire de Marcel II, ce fut pour rendre à de nobles intentions un hommage fidèle et reconnaissant. De tous ces renseignements ou de toutes ces rectifications, faut-il conclure que Palestrina ne fut pour rien dans la réforme à laquelle son nom demeure attaché ? En aucune façon. Cette réforme, dont les deux traits ou les deux vertus principales sont la simplicité et la pureté, cette réforme fut bien en grande partie l'œuvre du maître, mais une œuvre moins qu'on ne l'a cru personnelle ou exclusive ; une œuvre aussi que la *Messe du pape Marcel* ne représente pas à elle seule et tout entière ; une œuvre enfin moins brusque, plus lentement accomplie, et qu'un commandement ou une commande officielle ne pouvait suffire à réaliser.

Quoi qu'il en soit, en cette même année 4564, Palestrina voyait créer pour lui par le pape l'office et le titre de compositeur de la chapelle pontificale ; de plus, un traitement de neuf écus d'or lui était attribué en raison des compositions diverses qu'il avait éditées et qu'il éditerait encore pour le service de ladite chapelle [6]. Il n'abandonnait pas pour cela la maîtrise de Sainte-Marie-Majeure, qu'il conserva jusqu'en 1571. A cette époque, Animuccia, qui l'avait remplacé naguère à Saint-Pierre, étant venu à mourir, Palestrina rentra dans sa chère basilique, et cette fois pour ne plus la quitter. En même temps il était choisi par saint Philippe de Néri pour devenir, à la place d'Animuccia encore, maître de chapelle et compositeur attitré de l'Oratoire. On sait l'amour de saint Philippe pour la musique et quel rang tenait celle-ci dans les exercices de l'ordre. Il est écrit dans la règle oratorienne que c'est la volonté du saint « que ses pères, unis aux fidèles, s'excitent à contempler les choses célestes par le moyen d'harmonies musicales : *musico concentu excitentur ad cœlestia contemplanda.* » Saint Philippe eut pour Animuccia et pour Palestrina la plus tendre amitié. Il fut leur directeur spirituel, et à vingt-trois ans d'intervalle il les aida l'un et l'autre à mourir. Animuccia était une âme toute de candeur, de poésie et de foi. Sa femme et lui donnèrent à Rome un exemple de vertu déjà donné, paraît-il, autrefois par saint Paulin de Noie et sa femme : c'est de ne pas vivre en époux. « Quand ils se sentirent, dit un biographe de saint Philippe, détachés de tous les biens de la terre, ils vécurent unis par l'esprit, qui est la partie la plus belle et la plus divine de l'homme, et se contentèrent de la douce et céleste communion de l'affection et de la prière [7]. » Animuccia, condisciple, nous l'avons vu, de Palestrina à l'école de Goudimel, fut lui aussi pour quelque chose dans la réforme palestinienne. On peut du moins l'inférer de la préface de ses messes, où il écrivait : « Parmi les chants sacrés que l'on a coutume de chanter aujourd'hui dans les divins mystères, il y en a plusieurs, composés avec de rares artifices, lesquels par leur suavité procurent aux auditeurs un merveilleux plaisir. Toutefois quelques-uns désirent avec raison que les paroles destinées à exciter la piété envers Dieu s'entendent et se comprennent plus clairement. Mais au contraire, employées comme elles le sont d'une certaine manière, il semble qu'elles ne soient pas ornées par le chant, mais presque opprimées et couvertes par les roulades. C'est pourquoi, mû par le jugement de ces personnes, je me suis efforcé d'orner ces prières et louanges de Dieu avec un chant qui n'empêche pas les auditeurs de comprendre les paroles, mais qui pourtant ne soit pas tout à fait dénué d'art et ne manque pas de procurer du plaisir à l'oreille [8]. »

Tel était Animuccia. Il fut un maître, et tenu en grand honneur, tant que Palestrina, dit encore le biographe, « ne le chassa pas du nid. »

La vie de Palestrina, depuis sa rentrée à Saint-Pierre et sa nomination à l'Oratoire jusqu'à sa mort, n'offre rien de particulier. Pendant vingt-trois ans elle s'écoula tout unie, dans le travail et la piété, à l'ombre de l'immense basilique. De temps en temps un grand seigneur mélomane, un cardinal Hippolyte d'Esté, un prince Giacomo Buoncompagni, un cardinal Aldobrandini, lui confiait la direction de sa musique privée. Il les remerciait en leur dédiant ses chefs-d'œuvre. Les papes se succédaient, tous admirant et protégeant le grand artiste. Ce fut pour lui de belles années, années de génie et années de gloire. En 1575, un jubilé solennel était octroyé à la chrétienté et célébré par le pape Grégoire XIII. On peut lire dans les chroniques du temps le récit de l'arrivée à Rome, en pèlerinage, des habitants de Palestrina. Au nombre de plus de quinze cents, ils descendirent de la montagne. Une grande croix noire venait d'abord, accompagnée respectueusement par cinquante couples de petits enfants, vêtus comme des anges, *a guisa d'angeli*, tenant à la main des branches d'olivier. Suivaient des confréries, qui portaient d'énormes crucifix voilés de noir et de blanc ; des moines, des prêtres en surplis, des chanoines en camail de fourrure, et enfin des femmes, *non senza bell' ordine e con gran modestia*. Trois chœurs de musiciens chantaient tout en marchant, et la musique qu'ils chantaient était de Palestrina [9]. En ce pieux appareil le cortège traversa la campagne romaine, et dans l'atmosphère immobile les ondes sonores s'étendaient lentement. Les grands bœufs gris passaient la tête au travers des barrières qui bordent le chemin. Les pèlerins approchaient de la ville, et sous la terre sacrée qu'ils foulaient, les morts des catacombes, éveillés par les psalmodies nouvelles, y répondaient du fond de leurs tombeaux.

En 1580 Palestrina devint veuf ; en 1581, âgé de plus de cinquante ans, il se remaria. Ni saint Paulin de Noie ni Animuccia n'auraient sans doute agi ainsi. Désormais la chronologie de sa vie, établie par le Dr Haberl [10], ne relate plus guère autre chose que les dates de ses innombrables ouvrages : messes, motets, lamentations, madrigaux, hymnes à la Vierge, Cantique des Cantiques ; de temps en temps, entre deux publications, mention est faite de l'achat d'un petit vignoble ou d'un verger d'oliviers.

Enfin, le 26 janvier 1594, atteint d'une pleurésie, Palestrina se mit au lit. Il reçut la communion et l'extrême-onction des mains de saint Philippe, avec lequel il s'entretint pendant ses derniers jours. Le 2 février au matin, écrit le biographe déjà cité de saint Philippe, jour de la fête de la Purification de la Vierge, Palestrina se souvint non sans douceur qu'il avait, peu de temps auparavant, mis en musique les hymnes de Marie. « Cette pensée accroît sa ferveur et son espérance. Alors saint Philippe, s'apercevant de ses bonnes dispositions et les excitant davantage, dit à son cher fils spirituel, avec cet air amoureux de Dieu qui lui était ordinaire : « Voudrais-tu aller jouir aujourd'hui de la fête qui se fera dans le ciel en honneur de la reine des anges et des saints ? » Palestrina, qui était très pieux et avait tant de fois par la douce puissance de sa musique honoré la grande mère de Dieu, se sentit tout ému à cette invitation. Alors il recueille son dernier souffle et répond : « Oui, je le désire ardemment ; puisse Marie, mon avocate, me l'obtenir de son divin fils ! » A peine Palestrina eut-il proféré ces paroles, que très présent à lui-même, tranquille et plein de confiance dans la miséricorde du Seigneur, il rend paisiblement son âme à Dieu, et vole, comme on aime à l'espérer, par l'intercession de la Vierge Marie et par les prières de son saint confesseur Philippe, au lieu où l'on chantera éternellement. »

II

Ainsi vécut Palestrina. Exempte d'agitation, d'animation même, dépourvue d'incidents dramatiques et de passion, calme dans la paix des basiliques, cette vie est simple, j'allais dire médiocre auprès de la destinée pathétique d'un Michel-Ange, de la carrière plus qu'aventureuse d'un Benvenuto. Cette vie pourtant fut entourée de circonstances graves. Insignifiante en elle-même, elle est contemporaine d'un « moment » et d'un « milieu « éminemment significatifs. Elle coïncide avec un mouvement de l'esprit ou du génie italien, qu'on peut définir en deux mots : la réaction contre la Renaissance. De tous ou presque tous les papes sous lesquels vécut Palestrina, cette réaction constitua le souci commun et l'opiniâtre effort. En cela se résume leur tâche et leur œuvre ; à cela se réduisait alors leur mission et leur devoir. Des conjonctures nouvelles, de nouveaux périls imposaient à l'Église de nouvelles règles de conduite. A la voix terrible de Luther les rêves de la Renaissance, rêves divins et regrettables à jamais, s'étaient évanouis. Le moine allemand n'avait vu que les déviations et les excès, trop visibles il est vrai, de ce qu'on pourrait appeler le principe vraiment catholique, c'est-à-dire universel de la Renaissance : désir libéral et noble espérance de conciliation et d'harmonie. Si le premier cri de l'Église, il y a bientôt dix-neuf siècles, fut un cri de pénitence et de mortification, c'est parce qu'il retentit au milieu d'un monde qui périssait par la corruption, par l'abus des jouissances et des voluptés. Mais quand plus d'un millier d'années douloureuses eurent passé, quand la longue peine du moyen âge eut assez pesé sur cette terre, que Dante avec un soupir avait nommée *terra lagrimosa*, la terre qui pleure, les vicaires de Dieu crurent pouvoir donner un peu de relâche à l'humaine misère ; quelques traces de beauté parurent, pour récréer les yeux offusqués par tant de larmes. Du ciel descendit un esprit d'indulgence et d'allégresse, dont les papes se firent les interprètes et les dispensateurs. Ils se rappelèrent, ou se laissèrent rappeler par le platonisme chrétien, par les Sadolet et les Marsile Ficin, que le Christ « ne se refusait pas aux joies des banquets : à Cana il changea l'eau en vin, et n'est-ce pas à table qu'il révéla à ses disciples le mystère de l'Eucharistie [11] ? » Hélas ! le banquet dégénéra bientôt en orgie, le miracle en scandale, et du vin nouveau qu'elle avait versé, la papauté s'enivra la première. La Réforme avec justice dénonça l'impureté de cette alliance, de cet alliage plutôt de la chair et de l'esprit, où la chair l'avait emporté, et l'Église, durement rappelée à elle-même, n'eut que le temps de rompre l'hymen dont elle avait espéré de plus glorieux fruits. Elle répudia la Renaissance, et pour sauver du naufrage la barque de Pierre, elle sacrifia les trésors dont elle l'avait chargée. Aux papes amis des arts succédèrent les papes gardiens de la foi, et le sourire dut se retirer de la face de Rome.

Pauvre Rome ! De quel deuil elle était vêtue, de quelles ruines couverte, lorsque l'enfant de Préneste la vit pour la première fois ! On avait attenté à son double patrimoine : on avait outragé en elle la vérité et la beauté. Contre la vérité la réforme venait d'élever une voix à laquelle la moitié de l'Europe semblait déjà près d'obéir, et sur la beauté romaine les hordes de Charles-Quint et de Bourbon avaient porté leurs mains barbares. « Les églises, les palais, les couvents, les plus humbles demeures, écrit un éloquent biographe de Michel-Ange, avaient été mis à sac ; les manuscrits et les tableaux précieux, lacérés, dispersés ou souillés... les lansquenets avaient fait un corps de garde des *Stanze* du Vatican et accroché leurs hallebardes sur l'*Ecole d'Athènes*... Ni les Huns, ni les Goths, ni les Vandales n'avaient commis de telles horreurs ; les Turcs et les Maures eussent été moins inhumains. Et cela dura neuf mois… La famine et la peste vinrent compléter l'œuvre de dévastation. Plus de 30 000 personnes périrent ; les habitants, de plus de 85 000, étaient réduits à 32 000. Comme des hirondelles effarouchées, les artistes avaient fui dans toutes les directions devant cet hiver de barbarie. « Nous avons passé par l'eau et par le feu, disait Sébastien del Piombo, et nous avons souffert des choses que l'on n'avait jamais imaginées [12]. » Rome alors était bien la cité sur laquelle pleure le prophète, et sur laquelle, après trente ans, se souvenant encore de ses malheurs, devait pleurer à son tour le musicien des *Improperia*.

Paul III, sous le pontificat duquel Palestrina reçut les leçons de Goudimel, Paul III s'efforça de relever la foi plus encore que les arts. A vrai dire il aima Michel-Ange et Michel-Ange l'aima. Il confirma la commande du *Jugement dernier* faite par son prédécesseur Clément VII au peintre du plafond de la Sixtine. Il hâta l'achèvement de la terrible fresque sur le mur de l'autel, à une place que jamais jusqu'alors n'avait attristée la représentation des éternels supplices. Mais, comme dit encore M. Cherbuliez [13], « Paul III fut le Janus des papes. Ce Farnèse avait deux visages : l'un tourné vers le passé, l'autre vers l'avenir. » Tout en protégeant Michel-Ange, il organisa la compagnie de Jésus et créa l'Inquisition. Sous son règne les fêtes publiques elles-mêmes prirent un caractère d'orthodoxie rigoureuse, et sur les chars du carnaval de 1545 on voyait la Papauté foulant aux pieds l'Hérésie.

Jules III, le premier protecteur de Palestrina, sortit pour un instant de la voie tracée à l'Église par son prédécesseur. C'était, au dire d'un écrivain d'alors [14], *un nomo inetto, e tutto intento ai suoi riposi*. Mais Paul IV reprit en main l'œuvre de réaction, et plus ardent que jamais l'esprit de rigueur souffla sur la cité de Dieu. « Le dominicain Ghislieri (depuis Pie V) fut nommé inquisiteur général de toute la chrétienté. Toute relation accidentelle avec les hérétiques fut punie : la première fois d'une amende, la seconde fois de la prison, de l'exil ou de la mort. Un contemporain a prétendu que si on réunissait en un lieu tous les livres qui furent brûlés, on aurait un incendie pareil à celui de Troie [15]. » Paul IV voulut faire détruire comme indécente la fresque du *Jugement dernier*. Sur les instances de quelques amis, il se contenta d'en faire couvrir les nudités par

Daniel de Volterre, d'où vint à celui-ci le surnom de *Braghettone*, le culottier. L'histoire atteste la nature farouche, implacable, l'âme en quelque sorte consumée par la colère, *collerica e adusta* [16], du vieux pontife. Giovanni Pietro Carafa, le cardinal théatin, comme on l'appelait, avait soixante-dix-neuf ans quand il ceignit la tiare. Jamais les temps n'avaient été plus difficiles [17]. L'Église continuait d'être menacée à la fois dans ses croyances et dans ses domaines. Politiques et religieuses, elle connut alors toutes les inquiétudes. L'Italie était le théâtre et l'enjeu d'une perpétuelle bataille. Elle ne subissait plus seulement des maîtres étrangers ; elle les appelait. Quant à l'orthodoxie, le concile de Trente, la compagnie de Jésus et l'Inquisition suffisaient à peine à la défendre. La réforme gagnait du terrain chaque jour ; chaque jour une partie du troupeau se retirait du pasteur. La moitié de l'Allemagne appartenait à Luther ; la Suisse peu à peu se donnait à Calvin ; en France, dans les Pays-Bas, apparaissaient des symptômes et comme des taches suspectes. Pouvoir temporel, pouvoir spirituel, tout était en butte, tout était en proie.

Aux deux périls Paul IV essaya de tenir tête. Après avoir été d'abord un pontife belliqueux et politique, il résolut à la fin de n'être plus qu'un pontife pieux. « On vit tout à coup reparaître en lui l'ancien inquisiteur, le fondateur de l'ordre des théatins, le prêtre austère dont le zèle pour la cause de la religion s'était donné carrière lors du concile de Trente [18]. » Il se repentit d'avoir convoité les royaumes de la terre et ne chercha plus que le royaume de Dieu et sa justice. Celle-ci était alors impudemment outragée. Les scandales de sa propre famille, les honteux excès de ses neveux décidèrent Paul IV à sévir. Il faut lire dans le livre de M. Duruy l'histoire de certain banquet où pour une courtisane un cardinal tira l'épée. Peu de jours après, devant la congrégation du Saint-Office, le pape « flétrit avec véhémence la conduite du cardinal [19] ». Un autre, nommé Pacheco, s'étant hasardé à défendre le coupable, le pontife pâlit de colère et s'écria de toutes ses forces, à plusieurs reprises : « Réforme ! Réforme ! » Et comme le cardinal Pacheco murmurait : « En ce cas, Saint-Père, c'est à nous à donner l'exemple ! » le pape courba le front et garda le silence. Lisez encore le récit du consistoire où Paul IV annonça au Sacré-Collège la disgrâce de ses indignes neveux. Ecoutez, ou plutôt imaginez cette harangue, ces imprécations, ce vieillard en courroux, accusant, maudissant avec des sanglots et des larmes, et vous comprendrez quel pape était celui qui chassa Palestrina de la chapelle Sixtine parce qu'il était marié.

Moins terribles, mais à peine moins sévères furent les successeurs de Paul IV. C'est Pie V, faisant enlever les statues du Vatican. C'est Grégoire XIII, sous le règne duquel, ainsi qu'il est raconté dans le *Prince Vitale*, le pauvre Tasse, enfant attardé de la Renaissance, eut si cruellement à souffrir. Alors, pourrait-on dire, en ne changeant qu'un mot au vers de Musset :

Alors c'étaient des temps *malheureux* pour les arts.

Alors on exilait des églises les tableaux pour les figures desquels des contemporains, des contemporaines surtout, avaient servi de modèles. La plupart des traités de peinture publiés dans le troisième tiers du XVIe siècle, celui du cardinal Paleotti, celui de Borghini (le *Riposo*), ceux de Romano Alberti, d'Armenini, de Comanini, sont des traités de morale et de vertu plutôt que d'esthétique et d'art [20]. Le pape Grégoire XIII, fondant l'Académie de Rome, déclarait en attendre des artistes éminens par la science, la piété et les bonnes mœurs. La *Jérusalem délivrée*, soumise à la censure ecclésiastique, en encourait toute la rigueur. On ne pardonnait pas au poète d'avoir donné des vertus à des mécréans, d'avoir chanté les amours de Tancrède avec une infidèle, encore moins de s'être complu dans les merveilles de la féerie, les charmes et les enchantements. « Je voudrais que vous ne visiez pas tant à être lu par les gens du monde que par les religieux et les nonnes ; *che il poema fosse letto non tanto da cavalieri quanto da religiosi e monache* [21]. » En ces termes écrivait au Tasse un de ses plus sévères censeurs, un futur cardinal, un rédacteur futur des brefs de Sixte-Quint, homme d'Église et d'importance déjà. « Il joignait à des mœurs pures, à des manières douces et insinuantes, une orthodoxie rigide et une intraitable sévérité d'opinions. Esprit cultivé, se mêlant lui-même de composer des vers, il ne goûtait que la poésie dévote [22]. » Comment s'appelait ce personnage ? Silvio Antoniano. Et voilà quel était devenu l'adolescent aimable, le gentil joueur de luth des festins d'autrefois.

C'est qu'ils étaient passés, les jours de l'indulgence heureuse et du sourire. La Réforme avait faussé le génie de l'Italie. L'Église, contrainte pour son salut de se ressaisir elle-même, s'était ressaisie d'une main rude. Pour le mieux assurer, il avait fallu appesantir ce joug, dont le doux Nazaréen avait dit qu'il est léger. Les arts n'osaient plus regarder que du côté du ciel, et le ciel n'était plus celui de la *Dispute du Saint-Sacrement*, radieux et fourmillant de petits anges, mais celui du *Jugement dernier*, chargé d'orage, et d'où la main du Christ va s'abattre pour écraser le monde. Années de tristesse, de pénitence et de repentir, où Palestrina regrettait comme des péchés quelques chants moins austères échappés à sa jeunesse. Lisez la dédicace du *Cantique des Cantiques* adressée par lui en 1584 au pape Grégoire XIII :

« Il y a trop de poèmes qui ne chantent que des amours étrangers à la profession et au nom même de chrétien. A ces poèmes, œuvres d'hommes véritablement égarés, un grand nombre de musiciens ont consacré tout leur talent et tous leurs artifices. Ainsi, bien qu'ils aient recueilli la gloire due à leur génie, ils ont, par le vice de pareils sujets, offensé les hommes honnêtes et graves. D'avoir été moi-même au nombre de ces musiciens, je rougis et m'afflige aujourd'hui. Mais, puisque le passé ne peut être changé, et que ce qui est fait ne saurait pas n'être pas fait, j'ai changé de dessein [23]. » Le même esprit régna longtemps encore. Sixte-Quint s'en inspira lui aussi. Il enjoignit qu'on enlevât du Capitole, sous peine d'en ordonner la démolition, les dieux antiques qui le profanaient, et par son ordre, au sommet des colonnes romaines, les apôtres remplacèrent les empereurs.

Ainsi finissait le XVIe siècle, brûlant avec trop d'ardeur ce qu'avec trop d'ardeur il avait adoré. De la violence qu'elle s'était faite elle-même, l'Italie demeurait attristée et meurtrie, pleurant le rêve de sérénité et de joie dont la Renaissance avait enchanté ses yeux et son âme, ses sens et sa foi. Et maintenant la tristesse, qu'elle n'avait connue que rarement et par des génies d'exception, par un Dante, un Savonarole, un Michel-Ange, la tristesse lui apparaissait comme la règle, le devoir et le salut. Elle qui, selon l'heureuse expression d'un de ceux qui la comprennent et l'aiment le mieux [24], semblait « avoir ajouté une béatitude au sermon sur la montagne : *Beati qui rident* », il lui fallait désapprendre et désavouer le sourire. *Dies iræ, dies illa* ! « Le jour, dit encore M. Gebhart, et l'on ne saurait mieux dire, le jour où l'Église menacée, chancelante, s'est repliée sur elle-même, s'est défendue pour ne point périr, et a fait revenir impérieusement la chrétienté à la discipline austère et à la rigueur dogmatique, ce jour-là, l'Italie a perdu la moitié de son âme. »

III

Un pareil moment ne pouvait produire et favoriser qu'une musique religieuse et une musique austère. Tel est en effet le double caractère de la musique de Palestrina et de ses contemporains. Les compositions mondaines et pour ainsi dire laïques n'occupent dans l'œuvre du maître qu'une place secondaire. De ses madrigaux, une bonne partie (madrigaux dits *spirituels*) ne sont que des cantiques pieux ; les autres sont traités dans le même style, presque dans le même sentiment que les morceaux d'église. Entre le célèbre madrigal *Alla riva del Tebro*, par exemple, et tel ou tel motet de fête (j'entends d'une fête joyeuse), les paroles peut-être constituent la plus sensible différence.

De l'œuvre palestinienne pourtant, la piété même a été contestée. Dans son *Histoire de la musique religieuse*, M. Félix Clément a appelé Raphaël et Palestrina « les grands destructeurs de la piété chez les fidèles. » Qu'on adresse un tel reproche à Raphaël, je le comprends, sans toutefois y souscrire. Mais à Palestrina ! Il n'est d'abord ni d'un historien éclairé ni d'un critique judicieux de rapprocher ces deux noms. Entre le maître des *Stanze* et celui des *Improperia*, s'il y a quelques années seulement, il y a néanmoins une grande distance ; peu de temps les sépare, mais beaucoup de pensée. Raphaël est issu de la Renaissance, que peut-être il résume ; Palestrina ne s'y rattache en aucune manière. Pour la musique la Renaissance ne pouvait rien faire et ne fît rien, parce que la Renaissance ne fut que l'antiquité retrouvée et que de l'antiquité toute la musique avait péri. — Non, pas absolument toute. Il en restait une trace plus qu'à demi effacée, un vestige à peine reconnaissais : le plain-chant. Or c'est pour avoir remplacé le plain-chant par le contrepoint polyphonique que M. Clément accuse Palestrina de corruption et d'impiété. Mais quoi ! la musique la plus convenable, que dis-je, la seule convenable à la religion chrétienne, serait-ce donc le débris ou l'écho de la musique païenne ? On serait suspect ou convaincu d'irrévérence et de sacrilège parce qu'on ne prierait pas le Dieu véritable sur les mêmes modes que les faux dieux ! — J'admire l'étrangeté du reproche, et quand on l'adresse en même temps à Palestrina et à Raphaël, j'en admire aussi l'inconséquence. Car si Raphaël est coupable d'avoir introduit dans l'art chrétien l'élément antique, on ne saurait blâmer Palestrina de l'en avoir banni. L'antiquité ne peut faire à la fois profane la peinture et religieuse la musique. Mais, dira-t-on peut-être, hors du plain-chant, en dépit de ses origines païennes, il n'y a jamais eu et jamais il n'y aura de musique sacrée. Les dogmes de la foi ont beau changer, la nature, l'essence du sentiment religieux ne change pas, et de cet immuable sentiment, toujours simple, toujours un, le plain-chant demeure l'expression une, simple par excellence, la plus pure de toutes, la plus noble et la plus belle. — Si cela était vrai, il faudrait encore absoudre Raphaël, car il a traduit l'idée divine par les formes justement les plus simples et les plus pures. Mais cela n'est pas vrai. Il appartenait au christianisme, après s'être servi des arts païens, de les transformer selon son idéal. C'est ainsi qu'au style primitif des basiliques, ce plain-chant de l'architecture, a pu succéder le style roman, puis le style gothique, double polyphonie de la pierre. Qui donc, fût-ce M. Clément, pourrait en prendre ombrage et accuser d'impiété les architectes de nos cathédrales ? Gardons-nous de l'étroitesse et de l'intolérance. Admirons, et le plus qu'il est possible, restituons le plain-chant, cette forme magnifique de la musique sacrée ; mais que ce ne soit pas au préjudice, moins encore à l'exclusion de la forme palestinienne ; car celle-ci, pour être autrement religieuse, ne l'est pas moins profondément.

En deux mots, et par ses deux caractères essentiels et constants, la musique palestinienne peut se définir une polyphonie de voix. Toujours écrite à plusieurs parties, elle n'est jamais accompagnée par aucun instrument. De sa double nature, nous voudrions essayer de déduire les diverses qualités qui lui sont propres.

Parce qu'elle est exclusivement vocale, la musique de Palestrina d'abord est plus qu'une musique religieuse : c'est une musique d'église. Elle est la seule avec le plain-chant bien entendu) qui se subordonne entièrement au culte, qui respecte scrupuleusement le texte, qui n'altère pas ou pour ainsi dire pas la durée des cérémonies. La musique moderne a désappris cette déférence et cette soumission. Ouvrez la messe en *ré* de Beethoven elle-même ; vous y trouverez mainte licence, ne fût-ce que : *O miserere nobis*, au lieu du simple : *Miserere nobis*. On y rencontre encore d'autres irrégularités que l'addition de cet ô surnuméraire. Tandis qu'à l'intonation du célébrant : *Gloria in excelsis Deo*, le chœur devrait immédiatement répondre : *Et in terra pax hominibus bonæ voluntatis* ! c'est l'orchestre qui répond par une attaque de quatre mesures ; les voix alors, au lieu de continuer, reprennent les mots : *Gloria in excelsis* ! et les répètent trente-quatre mesures durant [25]. Toute messe, tout *Stabat*, tout *Requiem* moderne, et nous ne parlons que des plus classiques, des plus beaux, fourmillent ainsi d'irrégularités canoniques. Les préludes et les épilogues (symphoniques, les *soli* d'instruments, les *Tuba mirum* à quatre orchestres de cuivres les allongent et les grossissent démesurément. L'art, un art il est vrai souvent sublime, n'existe plus alors que par lui-même et pour lui-même ; il absorbe l'idée religieuse au lieu de s'absorber en elle. Tout autre est l'art de Palestrina ; c'est par les cérémonies et pour elles qu'il existe. La musique s'efface ici devant la pensée, devant le texte surtout, sans lequel elle n'ose jamais se faire entendre. Elle est vraiment la servante du Seigneur ; en elle rien ne s'accomplit que selon la divine parole.

Liturgique par l'exacte adaptation aux offices, la musique palestinienne l'est encore par le peu d'apparat ou d'appareil qu'elle comporte. Quelques voix lui suffisent, et quelques voix cachées. Elle n'attire l'attention et ne trouble la piété par aucun spectacle matériel. Elle n'interpose entre l'autel et la nef ni un groupe d'étrangers ni un amas d'instruments. Elle ne souffre pas que la silhouette agitée d'un batteur de mesure rompe la noble perspective de l'église, et dérobe aux yeux la vue des rites sacrés, des gestes qui bénissent et consacrent. « Par l'emploi exclusif de la voix humaine, a-t-on dit, Rome voulait retracer quelque ombre des temps héroïques où le concert spontané des fidèles dispensait de recourir aux talents mercenaires [26]. » Bien de plus vrai. La théorie de l'art pour l'art, de la beauté admirée en elle-même et en elle seule, cette théorie chère à la Renaissance, n'a rien à voir ici. Ici vous ne trouverez que des hommes qui prient, et un Dieu qui les écoute.

Ils prient de tout leur cœur, et la qualité dominante de cette musique, ce que les Grecs en auraient appelé l'(GREC), autrement dit le caractère psychologique et moral, c'est la profondeur ou mieux l'intériorité. La polyphonie palestrinienne ne parle à l'âme que de Dieu et ne parle à Dieu que de l'âme. Victor Hugo, dans son romantisme, a imaginé un Palestrina qui n'a presque rien de commun avec le Palestrina véritable. Du grand musicien, le grand poète ne connaissait probablement que le nom. En l'admirant, sur parole sans doute, il l'admire un peu à contresens ; il méconnaît à la fois le génie de l'époque et celui de l'artiste, auquel il prête les origines, les sources qui lui furent le plus étrangères :

Comme il s'est promené tout enfant, tout pensif,

Dans les champs, et dès l'aube, au fond du bois massif,

Et près du précipice, épouvante des mères !

Tour à tour noyé d'ombre, ébloui de chimères,

Comme il ouvrait son âme alors que le printemps

Trempe la berge en fleurs dans l'eau des clairs étangs,

Que le lierre remonte aux brandies favorites,

Que l'herbe aux boutons d'or mêle les marguerites [27].

Il faut lire en entier cette page de belle poésie et de mauvaise critique. Que le maître de Préneste ait été sensible au printemps de son Italie, qu'il ait cueilli les fleurs d'avril dans les gazons romains, qu'il ait écouté les nids, les eaux courantes et, le soir, la cloche pleurant, comme dit Dante, le jour qui se meurt ; enfin qu'il ait compris la nature et qu'il l'ait aimée, cela est probable ; mais la nature pourtant n'est pas la mère de son génie, et d'elle absolument rien, pas un rayon, pas un sourire, n'a passé dans son œuvre. De son œuvre le monde extérieur est banni. On n'y trouve jamais les paysages qui servent de fond aux tableaux de la Renaissance, que dis-je, qui plus de deux siècles auparavant avaient déjà servi de fond aux homélies en plein air, aux cantiques printaniers de saint François. C'est qu'avec la Renaissance, la nature, qu'elle aimait, avait été maudite. On ne louait plus le soleil, dont on avait peur ; on craignait les fleurs où le serpent se cache, et sous les arbres dont on fuyait l'ombre douce, on ne prêchait plus aux oiseaux.

Des textes sacrés qu'elle traduit, la musique de Palestrina ne cherche donc que l'essence et comme la moelle spirituelle. Elle exprime l'idée et non la figure, et lorsque Vincenzo Galilée appelait Palestrina *quel grande imitatore della natura*, c'est de la nature humaine qu'il entendait célébrer l'interprète. L'intériorité ou la subjectivité de cette musique vient en grande partie de ce qu'elle est exclusivement vocale. De tous les instruments ou de tous les organes de l'expression musicale en effet, la voix est sans contredit le plus direct et le plus intime, le plus proche du cœur et celui qui lui ressemble le plus. Voilà pourquoi la musique palestinienne, mieux que toute autre, justifie la définition que donne de la musique en général un théoricien allemand : *Kunst der Innerlichkeit*, l'art de l'intérieur. Elle est, par sa constitution même, un art de réflexion plus que d'action et de drame ; elle est représentative des faits et des choses beaucoup moins que des sentiments ; elle est une douceur qui pénètre plutôt qu'une force qui va ; elle est la musique de la prière, et surtout de la méditation. Cela tient à deux de ses éléments essentiels : d'abord elle aime à diviser le temps avec égalité, le plus souvent avec lenteur ; en outre elle trace dans l'espace des lignes presque horizontales, ou du moins très peu brisées. Ecoutez, regardez seulement une partition de Palestrina. Qu'entendez-vous et que voyez-vous ? Un *tempo* tantôt modéré, tantôt lent, très lent même ; parfois un *allegro* ; de *presto*, jamais. Des notes longues : des rondes, des blanches, des noires, suivent sans hâte ces rythmes calmes ; les croches sont rares ; quant aux doubles croches, il n'y en a pas une seule dans la *Messe du pape Marcel*, et l'on n'en trouverait peut-être pas quatre de suite, à coup sûr pas une mesure entière, dans tout un volume de motets.

Il est, dans un livre, trop peu lu, de M. Sully Prudhomme [28], une page d'esthétique comparée, qui nous revenait à la mémoire un jour que nous écoutions à Saint-Gervais les admirables répons de Palestrina pour la Semaine-Sainte. « Chaque note, écrit le poète-philosophe, chaque note dans une phrase musicale constitue par le timbre, la hauteur et l'intensité une sensation incomparablement plus vive que chaque point dans une ligne. L'élément de la perception sonore est donc beaucoup plus sensuel que l'élément de la perception linéaire, et pour cette raison déjà l'expression musicale doit être plus passionnée que l'expression plastique… Enfin, tandis que la ligne est un composé continu et par suite perceptible sans aucune surprise très sensible à l'œil, la phrase musicale est un composé de notes distinctes dont les hauteurs sont séparées par des intervalles ; le passage d'une note à une autre ne peut donc pas s'opérer insensiblement. » Il semble qu'en le rapportant à ces quelques principes, on puisse concevoir une idée assez juste du style de Palestrina, des effets qu'il produit et de leurs causes. Tout ce qui fait la vivacité de la sensation musicale, tout ce qui agite, tout ce qui passionne, Palestrina se plaît à l'atténuer et à l'adoucir. D'abord, n'employant que les voix, il ne dispose naturellement que de quatre timbres. Quant à l'intensité du son, il se garde de l'exagérer ; à la force, au bruit, il préfère les demi-sonorités et les demi-teintes. Enfin et surtout, entre les notes successives il restreint l'espace au lieu de l'étendre. La musique palestinienne ne comporte point de larges intervalles. Les parties y cheminent pas à pas, franchissant un par un les degrés diatoniques ; chaque note ne vise et n'atteint qu'une note, sinon contiguë, du moins prochaine. Le passage de l'une à l'autre s'opère sans grande surprise pour l'oreille, avec une continuité presque linéaire et pour ainsi dire insensiblement. Aussi ne doit-on pas demander à ce style l'éclat ni le lyrisme, les fusées ni les flèches gothiques, rien de la sainte folie de l'ogive, nulle aspiration, aucun élancement hors de soi. Pour le goûter pleinement au contraire, c'est en soi qu'il convient de se concentrer et de se recueillir.

Voici le sujet et le texte d'une des plus profondes méditations musicales de Palestrina :

« *In monte Oliveti oravlt ad Patrem : Pater, si fieri potest, transeat a me calix iste. Spiritus quidem promptus est, caro autem infirma.*

Vigilate et orale, ut non intretis in tentationem.

Sur le mont des Oliviers, Jésus pria son père : Mon père, s'il est possible, que ce calice s'éloigne de moi. L'esprit est prompt, mais la chair est faible.

Veillez et priez, afin que vous n'entriez pas en tentation [29]. »

Quatre voix chantent ces paroles. Elles les chantent d'abord très piano, très lentement, forment avec des notes moyennes, plutôt graves, des accords élémentaires. Les six premiers mois et les huit premières mesures déterminent le sujet et, sans nulle intention descriptive, le lieu de la scène. Sur : *oravit* et sur : *ad patrem* seulement, pèse une modulation déjà lourde. A partir du : *Pater, si fieri postest*, le mouvement se ralentit, les notes se traînent, recommandant à notre ferveur chaque parole de la prière d'agonie. *Transeat a me*, gémit la voix du soprano, montant seule au-dessus des autres voix ; *transeat a me*, reprennent-elles, ensemble et radoucies, *transeat a me calix iste*, et sur la dominante, la note de l'incertitude, leur plainte expire sans qu'il lui ait été répondu. — *Spiritus quidem promptus est, caro autem infirma.* Cela n'est qu'une maxime morale, et la musique l'énonce avec une sorte d'impassibilité, non sans marquer toutefois, naïvement, par deux mouvements opposés, la promptitude de l'esprit et la faiblesse ou la lenteur de la chair.

Quant au verset : *Vigilate et orate*, c'est une merveille. L'art de Palestrina, disions-nous plus haut, n'a jamais rien de pittoresque ni d'extérieur, et en fait la disposition de l'accord (car c'est un simple accord) que nous allons étudier se retrouve en mainte page du maître où l'on ne saurait évidemment l'interpréter ainsi [30]. Mais ici et par exception, il semble bien que, cherchée ou non par le grand artiste, une impression de paysage s'impose. On peut du moins, l'ayant ressentie, la proposer. Elle ajoute à la beauté de la pensée un peu de la beauté de la nature ; elle ouvre pour ainsi dire une fenêtre sur la nuit de Gethsémani. « *Vigilate et orate*, Veillez et priez. » Là encore il n'y avait qu'un précepte ; la musique y ajoute un tableau. Ce conseil, par qui fut-il donné pour la première fois ? A qui et en quel moment ? Par l'agonisant divin, à ses disciples, sous les étoiles d'Orient, dans le silence de la campagne endormie. Alors que fait Palestrina ? Ce : *Vigilate* ! déjà par lui-même harmonieux, surtout prononcé à l'italienne, il le confie à trois voix de femmes seulement, aux voix les plus douces et les plus tendres, et toutes trois le posent tour à tour sur les trois notes descendantes d'un accord parfait. Passant ainsi de l'une à l'autre, il flotte longuement sur la morne veillée, comme un mot d'ordre qu'échangeraient des sentinelles divines. Puis la vision évoquée s'efface, et les dernières mesures : *ut non intretis in tentationem*, s'adressent à l'âme seule. Mais, ne fût-ce qu'un instant, au sentiment la sensation a été unie, et c'est pour cela qu'en ce peu de lignes est contenu l'un des plus rares chefs-d'œuvre de Palestrina. En voici un autre, celui-ci d'ordre purement intérieur, où rien du dehors n'intervient :

« *Peccantem me quotidie et non me pœnitentem, tlmor mortis conturbat me, quia in inferno nulla est redemplio. Miserere mei Deus, et salva me !*

Péchant chaque jour et ne me repentant pas, la crainte de la mort me trouble, parce qu'en enfer il n'y a pas de rédemption. Ayez pitié de moi, Seigneur, et sauvez-moi [31] ! »

Une telle prière n'a rien que d'abstrait, et si pour nous comme pour Baini ce motet l'emporte sur la plupart des autres par le sentiment, le pathétique et « l'imitation de la nature », c'est uniquement la nature spirituelle dont il faut admirer et étudier ici l'imitation. *Peccantem me quotidie* ; les voix, confessant ainsi l'habitude et l'habitude journalière du péché, commencent par répéter trois fois les premières paroles ; tout bas d'abord : l'idée s'éveille à peine ; plus haut ensuite et enfin avec l'énergie triplée d'un *meâ maximâ culpâ*. Fortement accentué, le : *et non me pœnitentem* marque l'apogée du *crescendo* musical, parce qu'il exprime aussi le paroxysme du sentiment : le non-repentir de la faute, pire que la faute même, l'endurcissement et l'orgueil d'avoir voulu le mal, de l'avoir commis et de le soutenir. Puis le : *timor mortis* éclate en accords plus riches et d'une plénitude superbe, en notes cuivrées, comme si des trombones les lançaient. Et brusquement à cet éclat répond une plainte ; non pas même un cri : un soupir, soupir de misère, de délaissement, de peur, et d'une peur d'enfant, tant il est frêle. *In inferno nulla est redemptio.* Quel est cet enfer, et comment la musique le représente-t-elle ? Aux jours de pénitence, quand le motet de Palestrina se chantait dans la chapelle Sixtine, devant la fresque de Michel-Ange, de l'enfer celle-ci donnait l'image et celui-là donnait l'idée et l'idée seulement. Ces cinq voix chantent la tristesse morne, l'éternelle peine, mais ne figurent aucune souffrance, aucun supplice matériel. Pas de violence ici, pas de pleurs ni de grincements de dents ; pas de membres tordus par la souffrance. Le corps et la chair sont absents de cet art ; l'urne seule y est présente et sensible, l'âme à jamais malheureuse et dénuée de Dieu, et pleurant ce dénuement qui ne doit point finir. — Puis un long silence règne, comme s'il n'était en effet plus de rédemption. Il en est une pourtant, qu'un mot suffit à nous monter, et ce mot : *miserere* ! avec quelle humilité il vient alors se poser sur une note haute de soprano ! *Et salva me* ! redisent les voix. Elles se font tendres, caressantes même, elles montent et descendent des gammes délicieusement douces, et leur souffle expire enfin sur une note incertaine, où l'âme attend, d'une attente qui espère et qui craint, la réponse de la divine miséricorde.

Après avoir entendu ou lu de telles pages, qu'on se reporte par la pensée, non pas même aux œuvres modernes, aux *Tuba mirum* étourdissans, aux *Dies iræ* dramatiques ; qu'on s'arrête seulement à la *Passion selon saint Mathieu* ou à la Messe en *si mineur* de Sébastien Bach. Songez au roulement des fugues tonnantes, des chœurs éperdus, dévorant l'espace sonore. Rappelez-vous ces fanfares sacrées, ce mouvement et ce fracas. Puis revenez aux motets du vieux maître romain, à ce peu de notes lentes et profondes ; alors, après avoir admiré l'action vous aimerez le repos ; vous sentirez qu'il est beau de louer le Seigneur avec le lyrisme de la force et de l'enthousiasme, mais qu'il est doux de l'adorer dans la contemplation et dans l'extase.

Liturgique et intérieur ou subjectif, ainsi que nous venons de le voir, l'art palestinien possède encore deux autres caractères : l'austérité et l'impersonnalité. Cette musique est austère parce qu'elle est surtout harmonie, sinon harmonie seulement, et que de la musique l'harmonie est l'élément sérieux et grave par excellence. Est-il donc possible d'isoler et de concevoir indépendamment l'une de l'autre l'harmonie et la mélodie ? Oui assurément. Qu'une mélodie d'abord se puisse passer d'harmonie, rien de plus évident. Mais l'harmonie également peut avoir son existence propre et sa beauté, sans renfermer une mélodie, autrement dit un chant. Le premier prélude du *Clavecin bien tempéré* de Bach, par exemple, était déjà beau par le seul enchaînement de ses accords, avant que Gounod vînt y ajouter ou plutôt en extraire la mélodie qui y était latente et comme endormie. De même il est facile, dans une des plus sublimes pages de Beethoven, et des plus connues : l'*adagio* de la sonate en *ut dièze* mineur, de distinguer la mélodie et l'harmonie, et de les admirer séparément. Berlioz a su le faire. De cet *adagio*, dit-il, les « moyens d'action sont fort simples : la main gauche étale doucement de larges accords d'un caractère solennellement triste, et dont la durée permet aux vibrations du piano de s'éteindre graduellement sur chacun d'eux ; au-dessus, les doigts inférieurs de la main droite arpègent un dessin d'accompagnement obstiné dont la forme ne varie presque pas depuis la première mesure jusqu'à la dernière, pendant que les autres doigts font entendre une sorte de lamentation, *efflorescence mélodique de cette sombre harmonie* [32]. »

Enfin l'œuvre de Wagner plus que toute autre offrirait de nombreux spécimens de beautés exclusivement harmoniques : témoin, dans la *Valkyrie*, la sublime descente d'accords accompagnant le baiser qu'imprime Wotan sur les yeux de Brunnhilde, et par lequel il la dépossède lentement de sa divinité. Y a-t-il dans cette série chromatique d'accords isochrones une mélodie à proprement parler ? Evidemment non. L'harmonie peut donc exister par elle-même, agir seule, et, comme disent les Italiens, *fare dà se*. Eh bien, c'est presque uniquement d'harmonie qu'est faite la musique de Palestrina. Il est extrêmement rare qu'on puisse rien détacher de cette polyphonie où les parties valent surtout par leurs relations réciproques, par l'opposition et la symétrie, par les imitations, les réponses et l'entrelacement du contrepoint. La musique de Palestrina ne connaît pas le *solo*. La mélodie y est constamment enveloppée, impliquée dans l'harmonie. Jamais une seule voix n'y chante accompagnée par les autres ; mais toutes les voix y chantent ensemble et s'accompagnent entre elles. Le style polyphonique constituait, au XVIe siècle, l'héritage du moyen âge ; le maître romain l'accepta sous bénéfice d'inventaire, mais enfin il l'accepta. « Palestrina lui-même, a très bien dit Vitet, s'il balaya le pédantisme, s'il éclaira des purs rayons de son génie la dernière partie du XVIe siècle, ne fut pas novateur pour cela. Il ne se proposa ni d'inventer, ni de marcher en avant. Son but fut de rétablir ce qui était altéré, de se servir exclusivement des moyens en usage avant lui, mais de s'en bien servir. Il sut faire des chefs-d'œuvre tout en se conformant aux lois et aux exigences de l'harmonie consonante, sans se permettre d'autres dissonances que des dissonances artificielles, et on tirant de cet ancien système tout ce qui pouvait en sortir. C'en était le dernier mot [33]. »

Que si maintenant on demande pourquoi la polyphonie est une forme plus grave, plus austère encore une fois que la monodie, c'est évidemment parce qu'elle suppose chez l'auteur et que de l'auditeur elle exige plus d'attention, d'effort et de peine. La combinaison des notes nous procure une jouissance moins naturelle et moins facile que leur succession. La mélodie est à coup sûr l'élément primitif de la musique, le plus aisément accessible aux simples, aux ignorants, aux enfants et au peuple. Il y a des mélodies populaires, mais des harmonies populaires, cela n'existe pas. La mélodie est la forme la plus sensible, parfois sensuelle, la forme en quelque sorte extérieure de l'art ; l'harmonie en est la forme plutôt intérieure et rationnelle, et s'il n'est pas vrai que toute mélodie soit légère et frivole, il est en revanche certain que toute musique frivole et légère est mélodie.

Enfin le génie de Palestrina, liturgique, intérieur et austère, est un génie impersonnel. Par là n'entendez pas qu'il manque de caractère, mais qu'il possède au contraire un caractère éminent et commun aux seuls génies du premier rang : la généralité. Polyphonique et par conséquent collective, vocale et par là foncièrement humaine, la musique de Palestrina n'est pas la musique d'un de nous, mais de nous tous. Ce n'est pas telle ou telle âme qu'elle exprime, c'est l'âme. Soprano, contralto, ténor et basse, le concert de ces quatre voix renferme ensemble la force de l'homme, la grâce de la femme et la pureté de l'enfant ; toute passion et toute paix, toute joie et toute misère, toute énergie et toute faiblesse. A elles seules ces quatre voix disent tout ; rien n'existe en dehors d'elles, et par elles c'est l'humanité tout entière qui médite, qui prie et qui adore. Non seulement l'humanité entière ; mais l'humanité unanime. Ce beau rêve éternellement rêvé de l'unanimité, de l'accord dans la même croyance, le même esprit et le même amour, la polyphonie de Palestrina plus que toute autre musique l'a réalisé. Elle est la musique universelle, catholique au vrai sens du mot, la musique de cette foule dont eut pitié Jésus. Toute autre musique religieuse, depuis celle de Bach, de Mozart, de Beethoven, jusqu'à celle de Verdi ou de Gounod, semble reconnaître en quelques solistes les interprètes privilégiés de la pensée et de l'oraison commune : l'art palestrinien n'admet ni distinctions ni prérogatives. Dans le fraternel concert dont elle est faite, aucune voix ne domine ou ne dédaigne les autres ; l'orgueil et le sens propre s'effacent ici. Nul ne dit : Mon Père, qui êtes aux cieux ; tous disent ensemble : Notre Père, et voilà comment la polyphonie palestrinienne est l'une des plus admirables expressions par la musique, non seulement de la foi, mais de la charité.

Impersonnel par son objet, l'art palestrinien l'est aussi chez le compositeur ou par le compositeur lui-même. En d'autres termes, il y a dans cette musique, comme dans l'architecture gothique, quelque chose de général et je dirais presque d'anonyme. Le maître de Préneste est moins un génie isolé qu'un génie représentatif. On ne le distingue pas très aisément, moins nettement encore, d'un de ses devanciers comme Josquin des Prés, ni de Roland de Lassus et de Vittoria, ses deux grands contemporains. On a beau reconnaître par quels mérites il l'emporte sur eux : sur l'un, par l'onction ; sur les autres, par un style plus large, plus cordial et en même temps plus religieux, sinon plus pathétique ; on a beau comprendre et constater l'importance et l'efficacité de la réforme accomplie par l'artiste ; il n'en est pas moins vrai que cette réforme ne fut point une révolution, et que Palestrina, s'il purifia et simplifia la tradition du moyen âge, ne rompit point avec elle. Certes Palestrina fut un grand Italien, mais en quelque sorte un grand Italien d'exception, et cette exception se peut expliquer par deux causes : d'abord les origines étrangères du style polyphonique, et puis l'époque, précédemment étudiée, où vécut Palestrina. L'art que sans doute il a corrigé, mais qu'il a continué pourtant, cet art n'avait pas pris naissance en Italie ; le contrepoint vocal n'est pas un produit du sol latin, et s'il fleurit à Rome, on sait avec quel éclat, il n'y avait point germé. L'intériorité, l'austérité, la piété profonde et pour ainsi dire canonique, tous ces caractères de la musique de Palestrina ne sont pas les caractères essentiels et éternels du génie italien ; celui-ci ne les possède pas habituellement et ne les rencontre guère que par aventure. Au siècle de Palestrina comme au siècle de Dante, et par une aventure également glorieuse, il les a rencontrés. On peut étudier chez Palestrina moins le concours que le conflit des trois forces primordiales que Taine regardait comme génératrices de l'œuvre d'art : la race, le milieu et le moment. Dans la dernière moitié du XVIe siècle, le moment, dont nous avons rappelé quelle fut la gravité, le moment créa un milieu particulier contraire à la race ou à l'âme italienne, et qui pour quelques années la changea. De cette âme altérée, assombrie par l'influence de l'école gallo-belge et par la sévérité de l'époque, Palestrina fut le plus sublime interprète, et c'est ainsi que peut-être il témoigne de sa race moins que de son temps. Il est le musicien d'une certaine Italie et non de l'Italie. « Leur musique, disait Taine parlant des Italiens, leur musique chantante, nettement rythmée, agréable jusque dans l'expression des sentiments tragiques, oppose ses symétries, ses rondeurs, ses cadences, son génie théâtral, disert, brillant, limpide et borné, à la musique instrumentale allemande, si grandiose, si libre, parfois si vague, si propre à exprimer les rêves les plus délicats, les émotions les plus intimes et ce je ne sais quoi de l'âme sérieuse qui, dans ses divinations et agitations solitaires, entrevoit l'infini et l'au-delà [34]. » — De ce double jugement, n'est-ce pas la seconde partie, celle qui vise l'Allemagne, qui s'appliquerait le mieux, deux ou trois mots exceptés, à la musique de Palestrina ? Et lorsque Taine encore, revenant à l'imagination italienne, écrit [35] : « Elle s'attache moins au fond qu'au dehors ; elle préfère la décoration extérieure à la vie intime ; elle est plus idolâtrique et moins religieuse, plus pittoresque et moins philosophique, plus limitée et plus belle... » Alors, contre cette définition trop étroitement nationale, contre ce reproche et cette louange à la fois, ne vous semble-t-il pas entendre là-bas, dans les derniers échos des basiliques romaines, protester le génie plus humain que pittoresque, le génie intérieur et non décoratif, le génie pur de toute idolâtrie et profondément religieux de Palestrina ?

Mais si par certains côtés le maître de Préneste est en dehors, peut-être au-dessus de sa race, par d'autres, cette race déjà s'affirme ou plutôt s'annonce en lui. Il a fait œuvre italienne parce qu'il a fait œuvre de simplicité et de clarté. Aux rayons du soleil d'Italie il a fondu le premier la croûte de glace où le moyen âge avait emprisonné la musique. Alors, à travers la polyphonie allégée, éclaircie, l'air et la lumière ont passé, et de l'harmonie lentement la mélodie s'est dégagée. Encore vague, mais déjà sensible pourtant, elle apparaît dans les messes, dans les motets surtout de Palestrina ; à la surface des ondes sonores elle monte, elle affleure et elle sourit. Or la mélodie est l'âme de la musique italienne ; elle est cette musique même. Née de Palestrina à la fin du XVIe siècle, la mélodie se développera dans les siècles suivants ; les maîtres que nous étudierons ultérieurement : les Marcello, les Pergolèse, la feront de plus en plus italienne, latine, c'est-à-dire formelle et plastique. Alors ce sera l'âge d'or de la mélodie, et deux siècles après la renaissance des autres arts, la renaissance attardée mais éclatante de la musique. Oui, dans cette renaissance particulière se retrouveront les deux principaux caractères de la renaissance générale : l'émancipation de l'individu et la conception de l'art pour l'art. La mélodie remplacera la polyphonie parce que la mélodie est plus individualiste, parce qu'elle est en musique la représentation et l'affirmation de la personnalité. D'autre part on admirera, on adorera la beauté en elle-même et pour elle-même ; on n'adorera plus qu'elle, et de tout contrôle on l'affranchira. Alors, d'un bout à l'autre de la péninsule, le fameux *Com'è bello* ! redeviendra le cri universel. Alors la musique, moins religieuse, moins grave, moins intime, sera plus extérieure, plus décorative et plus joyeuse, et cette moitié de son âme, qu'à l'époque de Palestrina l'Italie avait perdue, à l'époque de Marcello l'Italie l'aura retrouvée.

NOTES

1. Il ne faut pas confondre la chapelle de Saint-Pierre (vaticane) avec la chapelle papale, qui est la chapelle privée des souverains pontifes.

2. Baini.

3. Baini.

4. Cacilien-Kalender und Fortsetzung desselben als « Kirchenmusikalisches Jahrbuch » herausgegeben von Dr Fr. X. Haberl ; XVIIe Jahrgang ; 1892.

5. Voici les propres termes de la décision du concile : Ab ecclesiis vero musicas eas, ubi sive organo, sive cantu lascivum aut impurum aliquid miscetur, item sæculares omnes actiones, vana atque adeo profana colloquia, deambulationes, strepitus, clamores arceant, ut domus Dei vere domus orationis videatur ac d'ici possit (22e session, 17 septembre 1562).

6. Haberl-Jahrbuch 1894.

7. Vie de saint Philippe de Néri, par S. E. le cardinal Capecelatro, archevêque de Capoue, t. II ; traduction du P. Bezin, de l'Oratoire ; Paris, Poussielgue.

8. Vie de saint Philippe de Néri ; ibid.

9. Voir : Narrationi delle opere piu memorabili fatte in Roma l'anno del Giubileo 1575, composte dal M. R. P. F. Angelo Pientini, Viterbo, 1577, lib. I, p. 92 : delle compagnie di Palestrina ; cité par Baini, t. II, p. 20 et 21.

10. Habel-Jahrbuch 1894.

11. Le Prince Vitale, par M. Victor Cherbuliez.
12. Michel-Ange, par M. Emile Ollivier.
13. Le Prince Vitale.
14. Pietro Nores.
15. M. É. Ollivier, op. cit.
16. Navagero.
17. Nous empruntons la plus grande partie des détails qui suivent au remarquable ouvrage de M. George Duruy : le Cardinal Carlo Carafa (1519-1561). Étude sur le pontificat de Paul IV ; Paris, Hachette.
18. M. G. Duruy, op. cit.
19. Id., ibid.
20. Voir : De l'influence du concile de Trente sur la littérature et les beaux-arts chez les peuples catholiques, par M. Ch. Dejob.
21. M. V. Cherbuliez, op. cit.
22. M. V. Cherbuliez, ibid.
23. « Extant nimis multa poetarum carmina nullo alio nisi amorum a christiana professione et nomme alienorum argumento. Ea vero ipsa carmina hominum vere furore correptorum magna musicorum pars artificii industriæque suas materiam esse voluerunt, qui, quantum ingenii laude floruerunt, tantum materiæ vitio apud bonos et graves viros offenderunt. Ex eo numero aliquando fuisse me et erubesco et doleo. Sed quando præterita mulari non possunt, nec reddi infecta quæ facta sunt, consilium mutavi. »
24. M. Gebhart.
25. Voir à ce sujet : Besprechitngen und Kritiken. Kirchlich und weltlich. Eine Polemik und Replik, par M. Paul Krutschek ; Haberl-Iahrbuch 1894.
26. M. Dejob, op. cit.
27. V. Hugo, les Rayons et les Ombres (Que la musique date du XVIe siècle.)
28. L'Expression dans les Beaux-arts ; Lemerre.
29. Anthologie des maîtres religieux primitifs, par M. Charles

Bordes, directeur-fondateur de l'Association des chanteurs de Saint-Gervais ; 1re année, livre des Motets, p. 25.

30. Par exemple dans le répons suivant, sur les paroles : Ecce appropinquat hora, et encore dans une antienne pour le dimanche des Rameaux : Pueri Hebrœorum.

31. Anthologie des maîtres religieux primitifs, 1re année, livre des Motets, p. 4.

32. Berlioz, A travers chants.

33. Vitet, Études sur l'histoire de l'art, t. IV.

34. Taine, Philosophie de l'art ; t. I (la Peinture de la Renaissance en Italie).

35. Ibid.

II. MARCELLO[1]

Marcello : Deux sonates pour violoncelle, avec accompagnement de piano d'Alfredo Piatti ; Simrock, Berlin. — Quatre sonates pour piano et violoncelle, transcrites d'après l'original avec basse chiffrée, par A. Moffat ; Schott. — *Arianna, intreccio scenico-musicale* ; vol. IV de la *Biblioteca di Rarita musicali, per cura di* Oscar Chilesotti ; Ricordi. — *Estro poetico-armovico, Parafrasi sopra li Salmi ; poesia di Girolamo-Ascanio Giustiniani ; musica di Benedetto Marcello, Patrizj Veneti* ; 2 vol. Venezia, 1803 ; presso Sebastiano Valle. — *Il Teatro alla moda*, édition fac-similé d'après la 3ᵉ édition ; Ricordi, 1883. — *Le Théâtre à la mode*, traduction précédée d'une étude sur Marcello, sa vie et ses œuvres, par Ernest David, et d'une préface par L.-A. Bourgault-Ducoudray, professeur au Conservatoire de musique de Paris : Paris, chez Fischbacher, 1890. — P.-D. Francesco Fontana : *Vita di Benedetto Marcello*. (De cette biographie, écrite en latin, une traduction italienne existe en tête du premier volume de l'édition vénitienne des *Psaumes* citée plus haut.) — Caffi : *Storia della musica sacra nella giù cappella ducale di S. Marco in Venezia, dal 1318 al 1797*. Venezia, 1856. — Zaccaria Morosini : *Benedetto Marcello e la. sua età* ; Venezia, 1882. — L. Busi : *Benedetto Marcello, musicista del secolo XVIIIe ; sua vita e sue opere* ; Bologna, N. Zanichelli, 1884. — P.-G. Molmenti : *la Storia di Venezia nella vita privata* ; Torino, Roux e Favale, 1880.

Aujourd'hui encore nous voudrions tenter autre chose qu'une étude particulière et strictement individuelle. Il est bon de considérer non pas un maître unique, si grand soit-il, mais une forme d'art chez l'un des maîtres qui en ont réalisé la plus caractéristique et la plus complète représentation. Cette forme d'art, qui se définit en deux mots, ce sera cette fois la mélodie italienne. L'artiste qui la personnifie s'appelle Benedetto Marcello.

Pourquoi choisir justement celui-là ? Pour des raisons diverses, y compris, je l'avoue, quelques-unes de celles que la raison ne connaît pas. — Pourquoi ? Peut-être par souvenir lointain déjà, mais encore charmé, d'un poétique roman. Dans l'église vénitienne, lorsque Consuelo remplissait la voûte « de cette voix

sans égale et de cet accent victorieux, pur, vraiment grandiose »
que lui prête George Sand, elle chantait devant le vieux Marcello, et
c'est de Marcello qu'elle chantait le psaume fameux : *I cieli immensi
narrano*. « Ma fille, lui dit le vieillard quand elle eut fini, reçois les
actions de grâces et les bénédictions d'un mourant. Tu viens de me
faire oublier en un instant, des années de souffrance mortelle. Si
les anges de là-haut chantent comme toi, j'aspire à quitter la terre
pour aller goûter une éternité des délices que tu viens de me faire
connaître. » Que de fois, longeant par une nuit d'été le palais du
Grand Canal où naquit Marcello, nous avons souhaité, presque
attendu, qu'une voix pareille s'élevât et lançât vers le ciel le cantique
éclatant ! Par une telle nuit, voilà plus de cent cinquante années, il
arriva réellement qu'une pauvre fille des lagunes, Rosanna Sealfi,
passât chantant sous ces mêmes fenêtres, à l'une desquelles était
assis le jeune maestro. De son balcon il l'appela, voulant voir celle
qu'il venait d'entendre, et, parce qu'au merveilleux ramage un
visage admirable se rapportait, il fit de la chanteuse nocturne son
élève d'abord, puis sa femme [2].

Mais pour choisir Marcello parmi tant d'autres, il est de plus
sérieuses raisons que des raisons de roman ou de rêverie,
d'imagination ou de souvenir. Marcello naquit près d'un siècle
après la mort de Palestrina, et durant ce siècle le génie italien avait
créé la mélodie. Le grand Vénitien représente donc une période
non de formation, mais de perfection, un moment unique de
beauté achevée. Il le représente et il le résume. Il est moins un
rayon qu'un foyer. Son génie est un génie de maturité, d'apogée et
d'épanouissement.

Ce n'est pas tout : seul peut-être de ses contemporains et de ses
concitoyens, il a laissé plus que des fragments : des œuvres dignes
de survivre tout entières, et dont l'une au moins, les *Psaumes*, est
gigantesque. Enfin l'illustre compositeur ne fut pas un compositeur
seulement : grand seigneur ; poète, critique, membre des conseils
de la République, provéditeur en Istrie, camerlingue à Brescia
— *uomo universale*, comme l'Italie de la Renaissance avait jadis
appelé ses plus glorieux enfants — nul n'est plus digne de mémoire
et d'honneur que Benedetto Marcello, patricien de Venise et prince
des musiciens.

I

Le 24 juillet 1686, il naquit d'une noble race et pour une noble vie. Sa famille, sans remonter peut-être, ainsi qu'elle s'en flattait, à la *gens* Claudia Marcella, remontait cependant très haut : jusqu'au VIIIe siècle, affirme un historien de l'aristocratie vénitienne. Un Marcello fut doge en 1473 : c'est sous son principal que les Bellini peignirent dans la salle du Grand Conseil l'histoire de Frédéric Barberousse, et qu'il fut interdit aux doges de se faire désormais représenter sur les monnaies autrement qu'agenouillés devant saint Marc. Les parents de Marcello, tous deux illustres par le sang, n'étaient pas moins distingués par l'esprit. Sa mère, une Capello, laissa des poésies manuscrites qui par malheur ont péri dans l'incendie de la bibliothèque où elles étaient conservées. Son père était, au sens profond du mot, un *dilettante*. Il avait l'amour de toute beauté, tous les goûts avec quelques-uns des talents d'un artiste. Il jouait du violon, et lui aussi faisait des vers. C'est en artiste qu'il éleva ses trois fils, Benedetto, Alessandro et Girolamo. De bonne heure il leur imposa l'élégance et l'urbanité des manières et du langage. Il écarta soigneusement de leur enfance toute bassesse et toute vulgarité, ne souffrant, dans leurs discours ou leurs compliments de fête à leurs parents, rien qui ne sentît la politesse, la distinction et la grâce.

L'un des trois frères, Alessandro, apprenait le violon avec l'illustre Tartini. Benedetto lui aussi prit quelques leçons du maître ; mais les difficultés du mécanisme ne tardèrent point à le rebuter. Un de ses biographes, peu sensible apparemment aux beautés de la musique symphonique, déclare qu'il était destiné *all' altezza della musica vocale*, et non aux *semplici sinfonie istrumentali prive d'anima*. Prive d'anima, privées d'âmes ! De cet étrange jugement j'en appellerais volontiers, ne fût-ce qu'aux sonates pour piano et violoncelle de Marcello lui-même. Bientôt, abandonnant le violon pour la composition, qui l'attirait davantage et peu à peu le prit tout entier, Benedetto se fit l'élève d'abord zélé, puis passionné jusqu'à la folie, de Gasparini, maître de chapelle alors de la *Pieta* de Venise et mort depuis maître de chapelle de Saint-Jean-de-Latran. On dit que pendant trois ans, de sa dix-septième à sa vingtième année, le futur auteur des *Psaumes* consacra dix heures chaque jour à l'étude de l'harmonie et du contrepoint. Un écolier de force à supporter un tel apprentissage, en devait sortir passé maître. Tel en sortit Marcello. Ce travail acharné fit beaucoup pour son génie, mais peut-être moins que le hasard d'une heureuse naissance et d'une éducation privilégiée. Prédisposé par une hérédité favorable, élevé dans le noble luxe du palais paternel, familier de bonne heure avec les chefs-d'œuvre qui l'emplissaient, avec les hommes éminents en tout genre qui s'y donnaient rendez-vous, suivant sa vocation sans obstacle et sauvé par sa condition, par sa fortune, des épreuves qui rebutent et des luttes qui dégradent, le jeune Benedetto ne respira dans son éclatante Venise qu'un esprit de magnificence et des souffles de beauté.

En ces temps où la plante humaine, comme dit Taine, regorgeait de sève, un seul individu suffisait à plusieurs tâches. Appelé par sa naissance aux fonctions publiques, Marcello ne s'y déroba point et les remplit dignement. Le grand artiste vécut et mourut en bon serviteur de l'Etat. Il préleva jusqu'à la fin la part du travail et du devoir dans une vie dont son génie était le luxe seulement, la parure et comme la fleur. Le 4 décembre 1706, avant même d'avoir atteint l'âge réglementaire et par faveur spéciale, il tirait de l'urne la boule d'or, la *barbarella*[3], qui lui donnait accès dans le Grand Conseil. Déjà ses premières compositions musicales étaient exécutées avec succès au *Casino dei Nobili*, dont les concerts avaient alors une grande réputation. Il publiait différentes œuvres de polyphonie vocale : madrigaux, pièces d'église, dont une messe, qui lui ouvrait la fameuse Académie philharmonique de Bologne. Il nouait des relations affectueuses, certains disent amoureuses, en tout cas des relations intellectuelles et artistiques avec une des femmes les plus distinguées de Venise : madonna Isabella Renier-Lombria. Chez elle, comme autrefois chez son père, il se rencontrait avec les premiers musiciens, les premiers poètes d'une ville où tout alors était musique et poésie. Musicien et poète lui-même, il multipliait les témoignages de son double talent. Tantôt il écrivait des caillâtes : *Calisto changée en ourse*, par exemple, ou *Timothée*, cette dernière sur le sujet, pris à Dryden, que traita aussi Haendel dans les *Fêtes d'Alexandre* ; tantôt c'était un volume de sonnets. sacrés ; ou d'autres, moins pieux, avec cette épigraphe profonde, qui résume à elle seule toute une théorie artistique, morale même, et les plus rares promesses de naturel et de bonne foi : « *Pianger cercai e non del pianto onore.* — J'ai cherché les pleurs et non l'honneur de pleurer. » Belle, saine, et je dirais presque sainte parole, devise des douleurs sincères, condamnation des feintes douleurs, des mensonges de souffrance et des grimaces de martyre. Heureux sans doute ceux qui pleurent, mais qui pleurent simplement ; malheur à ceux qui se regardent pleurer et ne tirent que vanité de leurs larmes !

Beaucoup plus que des pleurs, Marcello était ami de l'allégresse et de la gaîté. Ce grand artiste était un grand rieur ; au génie qui crée il joignait l'esprit qui juge et qui raille. On ne doute plus guère aujourd'hui qu'il soit l'auteur d'un opuscule anonyme et qui parut sous ce titre : *Lettera famigliare d'un Accademico Filarmonico ed Arcade, discorsiva sopra un libro di duetti, terzetti e madrigali a piu voci.* Les duos, trios et madrigaux dont il s'agit étaient l'œuvre d'un confrère de Marcello, le grand Antonio Lotti, et Marcello, dans ladite lettre, en faisait la critique. Critique amère, envieuse et peu honorable pour le caractère de Marcello, ont prétendu les gens mal informés ; en réalité critique équitable, un peu sévère parfois, mais ne révélant en somme, au lieu de la jalousie et du ressentiment, que la science, la conscience, la sûreté des principes et la pureté du goût [4]. « J'espère, écrivait pour commencer Marcello, j'espère ici discourir et raisonner si clairement, que l'auteur lui-même se réjouira de mes éloges, et que mon blâme (si je viens à le blâmer) le laissera convaincu, sinon persuadé, de ses propres défauts. Je dis convaincu et non persuadé, car vous savez à merveille que pour convaincre on fait spécialement appel à l'intelligence, tandis que pour persuader on a besoin de la volonté de celui auquel on s'adresse. La volonté, étant une faculté distincte de l'intelligence, peut se refuser à confesser la vérité ; mais elle ne saurait, par ce refus indocile, empêcher l'intelligence de se rendre à cette vérité qui la convainc. »

Cela n'est assurément ni d'un mauvais critique ni d'un critique méchant. Si courtoises pourtant que fussent de telles armes, Marcello ne tarda pas à les déposer. Il en fut prié par un tiers, et plutôt que de blesser ou de contrister seulement un maître comme Lotti, il abandonna son travail et le laissa inachevé. Mais il n'accordait, et d'ailleurs il ne devait pas à tout le monde de semblables égards. Un jour, pour embarrasser les chanteurs, qui déjà de son temps étaient mauvais musiciens, il s'avisait d'écrire, les unes en *ré* dièse, les autres en *mi* bémol, les différentes parties d'un ensemble. Une autre fois, il mettait en musique une lettre soi-disant adressée de Bologne à la célèbre cantatrice Vittoria Tisi, et dont voici le texte : « Ma très chère fille, — Bologne, le 6 décembre 1718, — En raison de toutes mes occupations tant passées que présentes, je jouis pour le moment d'une mauvaise santé, et voilà bien des jours que je n'ai plus la tête à moi. Notre saison d'opéra s'est terminée dimanche à notre avantage. L'Ambreville est partie la nuit même pour Turin ; la Muzzia est partie hier pour Mantoue ; la Spagnuola est partie de son côté pour Livourne, et ce soir la Coralla et la Sartina partiront pour Brescia. Dieu soit loué ! Je vais goûter un peu de repos et me remettre de tant de fatigues… » Et sur ce compte rendu d'imprésario, Marcello, dit-on, avait brodé la plus folle musique, où figuraient, spirituellement parodiés, le style, les manières et les manies, les défauts et jusqu'aux moindres tics des compositeurs et des virtuoses contemporains [5].

Mais, de tous les virtuoses, c'étaient messieurs les castrats — si les deux mots se peuvent allier — qui excitaient le plus la verve et les railleries de Marcello. Un jour il convoqua chez lui les chanteurs de la chapelle de Saint-Marc, sous prétexte de leur faire déchiffrer deux madrigaux à quatre voix qu'il venait de composer pour eux, et que voici :

PREMIER MADRIGAL (*pour deux ténors et deux basses*).

Non, là-haut parmi les chœurs des bienheureux

N'entreront point les castrats,

Car il est écrit en ce lieu…

Ici les soprani interrompaient :

— Dites ce qui est écrit.

Réplique des ténors et des basses :

L'arbre qui ne porte pas de fruits brûlera dans le feu.

Et les soprani se mettaient à hurler tout du haut de leur tête :

Ahi ! ahi ! ahi !

SECOND MADRIGAL (*pour deux soprani et deux contralti*).

Oui, là-bas dans l'enfer profond
Où l'on ira brûler,
Tomberont les ténors et les basses,
Parce qu'il a été écrit par les saints auteurs :
« Ceux qui sont castrats seront heureux [6] ! »

Et voilà la première rencontre du futur auteur des *Psaumes* avec les textes sacrés !

Tant de verve, d'impertinence même, ne déplaît pas. Cela est d'un génie libre et qui n'est dupe de rien, fût-ce de son art ; cela ne sent pas le pédant, mais l'honnête homme, comme disait Pascal, et le grand seigneur. Tel fut toujours Marcello ; tel nous le retrouverons tout à l'heure dans le *Théâtre à la mode,* son chef-d'œuvre de critique et l'une des plus mordantes satires qui soient, des choses et des gens de théâtre, du cabotinage et des cabotins.

Depuis longtemps déjà Marcello promenait sur les marbres et les flots de Venise sa jeunesse et sa fantaisie. « Il vivait, écrit le P. Fontana, au comble des honneurs, qu'il avait mérités par ses talents dans la poésie et la musique. Son oreille écoutait volontiers le doux son des louanges ; il assistait continuellement aux banquets, aux spectacles, à toute espèce de fêtes ou d'assemblées spirituelles. Ce genre de vie est sans contredit l'un des plus dangereux ; cependant il ne s'abandonna jamais aux passions au point de compromettre sa renommée. Les vérités saintes de la foi avaient en lui de solides racines, et il satisfaisait d'une manière exemplaire à tous les devoirs de la religion. Mais, emporté continuellement par les aveugles mouvements de la nature, qui en lui étaient violents et l'importunaient fréquemment, il n'est pas étonnant que la crainte des punitions futures ne suffit pas à l'arrêter. » Si Marcello jusqu'alors n'avait rien consacré à Dieu de son génie, le moment approchait où il allait le lui vouer sans réserve, et dans tout l'éclat de sa maturité. Il avait un ami, Girolamo-Ascanio Giustiniani, gentilhomme comme lui, comme lui musicien et poëte. Celui-ci, ayant imaginé de traduire ou plutôt de paraphraser en vers libres les psaumes de David, apporta bientôt un fragment de sa traduction, les dix premiers psaumes, à Marcello. Marcello, rapporte le P. Fontana, en loua l'élégance, la force et la facilité. « Or donc, lui dit Giustiniani, puisque vous daignez approuver ma modeste poésie, que ne la revêtez-vous d'une musique assortie à la gravité, à la sainteté du sujet ? La tentative est digne de vous et serait accueillie par l'enthousiasme et la reconnaissance de tous. » Marcello se mit à l'œuvre aussitôt, et l'œuvre fut le chef-d'œuvre qu'on admire encore. On l'admira dès qu'il parut : à Venise d'abord, puis dans les autres villes d'Italie, à Rome par exemple, où furent organisées de solennelles exécutions des *Psaumes*. Le succès ne fut pas moins prompt ni moins vif à l'étranger : en Angleterre, surtout en Allemagne, d'où un maître de chapelle nommé Telemann écrivait à Marcello : « Dans l'œuvre sublime et impérissable de vos Psaumes règne une majesté que tous les maîtres jusqu'à vous avaient ignorée. Harmonie, mélodie, symétrie sans affectation, on ne sait ici qu'admirer le plus. » — Matheson, maître de chapelle à Hambourg, remerciait ainsi Marcello des *Psaumes* qu'il venait à peine de recevoir : « Au lieu de ces parties différentes, de ces contrepoints fatigants et forcés qui jusqu'ici remplissaient les églises, Votre Excellence, unissant la fermeté à la douceur et la joie à l'édification, a trouvé des chemins où nul autre encore n'avait passé ; de telle sorte qu'après avoir dit autrefois : A la Palestrina, on dit maintenant : A la Marcello [7]. »

On va plus loin : on assure que les *Psaumes* opérèrent des conversions non seulement artistiques, mais pieuses, et ramenèrent des âmes à la foi. En tout cas, ils convertirent leur auteur le premier, et changèrent sa vie. « Ayant entrepris ce travail, écrit le P. Fontana, les pensées et les désirs salutaires se réveillèrent en lui ; d'heure en heure ils le sollicitaient plus vivement, l'aiguillonnant jour et nuit... Quand il chantait ses *Psaumes*, — car lui-même aux autres voix joignait sa voix, — son visage et ses yeux paraissaient enflammés. »

Il a dit, dans le premier de ses *Sonetti a Dio* : « Huit lustres j'ai déjà vécu. Hélas ! comment écrire — Que j'ai vécu et vécu si longtemps ! Je devrais plutôt — appeler véritable mort cette vie — Plongée dans la fange et privée, de ta grâce [8]. » — Ailleurs, s'accusant d'avoir ravalé son génie à des fins terrestres et basses, il s'écrie : « Que de notes, que de notes profanes — Ne traça pas cette main, quand me prit — La musique en mes meilleures années. Et que me reste-t-il — Pour fruit de si longues heures dépensées en vain [9] ! » A tracer des notes profanes, la main de Marcello devait désormais se refuser. Un léger accident, où il crut voir un avertissement surnaturel, acheva en lui l'opération de la grâce. Le 16 août 1728, comme il se trouvait dans l'église des Saints-Apôtres pour y entendre la messe, une dalle funéraire manqua sous ses pieds, et il disparut jusqu'à mi-corps dans la tombe entr'ouverte. Il en sortit sain et sauf et sans marquer le moindre trouble ; mais le soir, s'étant mis au lit, il ne put s'endormir, et toute la nuit il songea : « Où serais-je maintenant si j'eusse été aujourd'hui, non pas vivant mais mort, enseveli sous cette pierre ? Un jour pourtant cela arrivera. Hélas ! et je ne sais quel jour. » Alors toutes les fautes de sa vie commencèrent de passer et de repasser devant ses yeux. Pour la première fois il en eut vraiment conscience et contrition, et recouvrant soudain la paix intérieure, il s'endormit. S'étant levé dès l'aube : « Voilà, s'écria-t-il, un changement accompli par la main du Très-Haut, *Hæc mutatio dexteræ Excelsi* ! », et désormais il ne fut plus qu'à Dieu. « J'ai eu l'honneur, écrit un contemporain, de saluer Son Excellence Messer Benedetto Marcello. Il m'a fait toutes les civilités du monde et veut que j'aille dîner chez lui ; mais il est tout différent de ce qu'il était par le passé. Il mène la vie d'un saint ; il m'a donné un livre de poésie sacrée et véritablement sublime, dont il est lui-même l'auteur [10]. »

C'était peut-être le dernier livre auquel ait travaillé Marcello, et qu'il laissa inachevé : le poème de la *Rédemption*. Divisé en trois parties : l'attente du Messie, sa venue, son ascension, l'ouvrage traitait aussi des lettres, des sciences et des arts dans leurs rapports avec la foi. Par là sans doute il offrait quelque analogie anticipée avec ce qu'a été depuis le *Génie du Christianisme*. Il portait pour épigraphe, en mémoire de la conversion de Marcello : *Eduxit me de lacu miseriæ, de luto fæcis, et immisit in os meum canticum novum, carmen Deo nostro.*

En 1733, Marcello, qui depuis longtemps déjà faisait partie des Conseils des *Quarantie*, fut nommé provéditeur de la République de Venise à Pola en Istrie. Il y eut beaucoup à souffrir de l'insalubrité du climat, et trois ans plus tard il en revint très malade. On l'envoya alors en qualité de camerlingue (trésorier) à Brescia, sous un ciel meilleur, au pied des Alpes. C'est là qu'il vécut les trois dernières années de sa vie, se partageant entre les devoirs de sa charge et les pratiques de la plus ardente piété. Pour obtenir, ou du moins demander une guérison qui ne pouvait plus être que miraculeuse, il se rendit en pèlerinage au sanctuaire de Caravage, sur les confins du Milanais. Il y pria vainement : la mort l'attendait au retour. Quand elle lui fut annoncée, il l'accueillit sans trembler, et même, au dire de ses biographes, avec une douceur d'ange. Il mourut saintement, le 24 juillet 1739. On l'ensevelit à Brescia, dans l'église Saint-Joseph des Franciscains, où se voit encore son tombeau.

Sur les restes du prince de la musique, du philologue, du poète, du questeur de Brescia, du patricien de Venise, car l'inscription funéraire lui donne tous ces titres, qui donc posa cette pierre ? Ses confrères en musique ou en poésie, ses collègues dans les dignités et les charges, ses égaux par la fortune et la naissance ? Non. Ce ne fut, l'inscription en témoigne aussi, qu'une pauvre femme, sa femme, *uxor mœstissima*, celle que nous avons écartée de sa biographie, comme lui-même il l'écarta de sa vie, sinon de son cœur. L'altière Venise interdisait la mésalliance à ses en fans illustres, et Marcello ne put jamais s'unir à l'humble Rosanna que par un mariage clandestin [11]. Mais comme elle était vertueuse autant que belle, son mari ne l'honora pas moins qu'il ne l'aimait. Il l'établit avec sa mère dans un palais retiré, où ne lui manqua jamais la considération ni l'état de fortune et de maison dont elle était digne. C'est là qu'il allait la voir en secret, lui portant, furtif, des chefs-d'œuvre et des baisers, tout son génie et tout son amour. Psaumes, cantates, elle les lui chantait la première, de cette voix qui l'avait conquis, de sa voix « agile, dit un biographe, brillante comme la perle (*nitida come la perla*), et qui remplissait l'âme de consolation ». Mais toujours il devait la quitter, appelé par des devoirs, des plaisirs même qu'elle ne pouvait partager. La mort seule le lui donna tout entier. N'ayant pu être l'épouse glorieuse, elle fut l'épouse affligée, et ce titre que lui avait refusé la vie, elle le prit du moins sur un tombeau.

II

Marcello, nous l'avons dit en commençant, n'est pas moins que Palestrina un génie représentatif. C'est parce qu'il est un type autant qu'une personnalité que nous l'avons choisi, et la forme d'art, la catégorie de l'idéal ou de la beauté sonore dont son œuvre est le signe éclatant, nous l'avons dit aussi, c'est la mélodie italienne.

Idéal aboli ! beauté morte ! s'écrient aujourd'hui les jeunes gens, ivres du vin nouveau. Laissons-les crier : ils sont aveugles et ils sont ingrats.

Aveugles, ils ne voient pas que pour les œuvres comme pour les hommes la véritable vie ne commence qu'à la mort. Que la musique tende et soit désormais destinée à se manifester de moins en moins par la mélodie pure, cela ne fait pas de doute, et dans ce sens on peut dire que la mélodie italienne est morte. On ne refera ni les sonates pour piano et violoncelle, ni les *Psaumes* de Marcello, pas plus qu'on ne refera les *Noces de Cana* du Véronèse. On ne refera pas davantage les dieux de Phidias, le Parthénon, les cathédrales gothiques, la tragédie de Racine ou *Don Juan*. Tous ces modes du beau, toutes ces formes d'art sont-elles donc mortes ? Oui, sans doute, mais elles sont immortelles aussi. Désormais en dehors du temps, c'est à jamais qu'elles vivent et qu'elles sont belles. De leur beauté rien ne saurait plus se périmer ni se prescrire ; rien de leur vie ne peut plus mourir. En ce sens elle est vivante encore, la mélodie italienne, et pour l'éternité. « On ne la reverra plus », disent-ils. Non sans doute. Il faut donc l'en aimer davantage. » Aimez », a dit profondément le poète,

Aimez ce que jamais on ne verra deux fois.

Aussi bien on verra encore, on voit déjà quelque chose qui lui ressemble. Ne reparaît-elle pas, modifiée sans doute, mais pourtant reconnaissable, chez le plus digne héritier des maîtres italiens d'autrefois ? *Torniamo all' antico*, a dit le musicien d'*Othello* et de *Falstaff*, et il est retourné là où il a dit. *Othello*, *Falstaff*, regardent le passé non moins que l'avenir, et le vieux sang de la race latine bouillonne en chaque page de ces deux œuvres à la fois si modernes et si classiquement italiennes.

Mais les renégats de la mélodie latine sont plus que des aveugles : des ingrats ; ils battent leur nourrice, l'*alma parents*. « Qui nous vint d'Italie et qui lui vint des cieux... » C'est de la mélodie et non de l'harmonie que Musset aurait dû parler ainsi, caria mélodie, c'est bien de là-bas qu'elle nous est venue. A nous tous, aux Allemands eux-mêmes, dont le génie, jusque dans les premières œuvres de Beethoven, reste à demi italien. Bach excepté, et nous n'oublions pas la valeur d'une telle exception, le souffle du Sud les a tous

II. MARCELLO

effleurés. On ignore trop, par exemple, combien Haendel procède de Marcello, et que chez le maître vénitien se rencontre déjà toute la puissance, toute la pompe du maître anglo-saxon. On sait du moins que Haydn, qui déjà pense à l'allemande, chante encore à l'italienne. Mozart est frère de Virgile, et le jeune Beethoven ne promet d'abord qu'un second Mozart. Mais bientôt à la musique il donne une forme, une langue nationale, qui ne périra plus. L'Allemagne chaque jour, l'Allemagne des Weber, des Schubert, des Mendelssohn, des Schumann, s'éloigne davantage de l'Italie. On a vu avec quelle violence Wagner a consommé la rupture. Elle s'imposait et elle est sans retour ; mais de la primitive alliance encore est-il juste de ne point oublier quelle fut l'étroitesse et la gloire.

Sous les réserves qu'exige toujours l'emploi des formules générales, on pourrait partager en deux la musique entière : assigner la symphonie à l'Allemagne et la mélodie à l'Italie. L'Allemagne a l'âme symphonique ; sa devise est le : *Symphonialis est anima* de la sainte du moyen âge. L'Italie, au contraire, eut de tout temps l'âme chantante. L'une rentre en elle-même pour y écouter le chœur des harmonies intérieures : l'autre se porte au dehors, tout entière et d'un seul bond.

C'est l'Italie qui, du contrepoint du moyen âge, a dégagé la première ligne de chant. Ayant reçu du Nord la forme polyphonique, elle la porta jusqu'à la perfection, puis elle la brisa, et tira de ses débris une forme nouvelle. Rappelez-vous le *Peccantem me quotidie* de Palestrina, du maître deux fois grand, par le passé qu'il clôt et par l'avenir qu'il ouvre. Certes la beauté de cette page sublime est encore dans l'harmonie, dans le concert et dans le nombre ; mais elle est déjà dans le chant et dans l'unité, dans le dessin ou l'ébauche de ce que sera un jour la mélodie. Celle-ci peu à peu se délivre de liens relâchés peu à peu. La musique passant de l'église au théâtre, l'action lyrique va naturellement exiger l'abandon de la polyphonie pour la récitation à une seule voix. Les pastorales dramatiques exécutées à Florence dans les dix dernières années du XVIe siècle ne sont autre chose que des récitations de ce genre. En février 1600, quelque dix ans après la mort de Palestrina, un mystère d'Emilio del Cavaliere se jouait à Rome dans l'église oratorienne de Santa-Maria in Valicella. A Florence, au mois d'octobre de la même année, à l'occasion du mariage de Marie de Médicis avec Henri IV, on représentait les premiers opéras : l'*Orphée* de Péri et Caccini, le *Cephale* de Caccini, et les derniers mois du grand siècle polyphonique voyaient la naissance de ; la mélodie.

Les deux siècles suivants en ont vu la croissance et la splendeur. Des maîtres de génie jalonnent le XVIIe et le XVIIIe siècle de leurs noms trop ignorés et de leurs œuvres, hélas ! encore moins connues que leurs noms. C'est Carissimi, c'est Cesti, c'est Legrenzi, c'est Caldara, c'est Lotti ; enfin, le dernier de tous, et peut-être le plus grand, c'est Marcello. Qu'elle était noble et pure, la mélodie, en ce premier éclat de sa jeune fleur ! A Mantoue, à Ferrare, à Venise, par toute l'Italie, dans la joie ou dans la douleur, on chantait. On chantait à pleine voix, à voix nue, et cette nudité faisait la voix plus belle. Le chant se suffisait à lui-même ; presque sans accompagnement, sans harmonie, il donnait toute la mesure du génie et de l'âme italienne ; il était, il agissait seul, *faeeva da se*.

De cette âme et de ce génie, la mélodie forcément devait résulter ; elle en est le produit naturel et nécessaire ; elle les exprime et leur ressemble. Avant tout, la mélodie est chose simple. Existant par la succession et non par la combinaison, sans être aussi élémentaire que la note, ce corps simple par excellence de la musique, elle l'est beaucoup plus que l'harmonie et surtout que la symphonie, dont elle constitue le sujet et la matière première. Il semble en outre que la mélodie ait quelque chose de plus concret que l'harmonie ; quelque chose aussi de plus plastique et de plus sensible, pour ne pas dire sensuel. L'oreille en jouit tout d'abord, et si dans cette jouissance l'intelligence ne laisse pas d'intervenir, c'est à coup sûr par une opération élémentaire et qui coûte peu de peine. Or ces caractères de simplicité, de réalité définie, de personnalité formelle, sont au plus haut degré les caractères de l'esprit italien, que dis-je ? de l'esprit latin, classique, de l'esprit de l'antiquité. Voilà pourquoi la musique antique était presque exclusivement mélodie, voilà pourquoi c'est en Italie que la mélodie devait reparaître, et qu'elle reparut en effet. Comme les marbres et les bronzes avaient dormi sous le sol ancien, elle aussi, mais d'un sommeil plus long de deux cents années, elle dormit, suspendue et flottant dans l'air. Un jour, je ne sais quelle conjonction divine rassembla ces millions d'atomes sonores, ces innombrables soupirs envolés jadis des flûtes et des lyres de la Grèce et de l'Ausonie ; de nouveau toute la joie, toute la douleur humaine se cristallisa dans un chant ; la mélodie s'était réveillée, et ce fut la Renaissance de la musique.

Renaissance tardive comme tout grand événement de l'histoire musicale, mais qui remplit les XVIIe et XVIIIe siècles tout entiers. Oui, le véritable esprit de la Renaissance, l'esprit universel, curieux de toute science, épris de toute beauté, était en Marcello, ce musicien qui fut homme d'Etat, ce patricien qui fut poète. La préface qu'il écrivit en tête de ses *Psaumes* révèle une connaissance profonde et la plus fervente admiration de l'antiquité. Non seulement Cicéron, Aristote, Platon, « le philosophe divin », s'y trouvent cités à chaque page ; mais les principes mêmes de la musique antique y sont invoqués et remis en honneur. Partout Marcello s'attache à démontrer la supériorité de la mélodie sur l'harmonie. Pour lui la mélodie est la partie noble, la tête ou plutôt le cœur de la musique. Elle est l'agent par excellence de l'expression, la souveraine et la seule dispensatrice de l'émotion. C'est parce qu'elle était exclusivement mélodie, que la musique opérait des miracles chez les anciens et ne manquait jamais de produire son effet propre, lequel est d'émouvoir intérieurement : *L'effetto suo proprio d'internamente commovere.* — « C'est une grave erreur, ajoute Marcello, de croire que la simplicité de la musique antique fût une imperfection ; en cela consistait au contraire une de ses perfections éminentes. Il est vrai que depuis lors les sons et les voix (les parties) se sont multipliés ; d'où nos chants sont devenus sans doute, au regard des chants anciens, plus remplis d'élégance et de passion ; plus travaillés aussi, car de plus nombreuses pensées les composent ; plut » harmonieux, par la diversité des voix et l'enchaînement des dissonances avec les consonances ; plus bruyants, par le concert varié des instruments qui les accompagnent. » — Mais tout ce que la musique est ainsi devenue, elle l'est devenue en vain, sans profit pour sa beauté ; et s'il arrive encore aujourd'hui que des chefs-d'œuvre se produisent, que l'âme, se sente profondément touchée, elle l'est toujours par la mélodie plutôt que par une polyphonie bruyante : *piuttosto per opera della melodia, che dello strepitoso concerto.* C'est pourquoi, s'étant proposé le sujet des Psaumes, qui réclame avant tout une forte expression des paroles et des sentiments, Marcello résolut, dit-il, d'écrire le plus souvent à deux voix seulement, afin que l'expression même fût par là plus efficace et plus heureuse. A la musique de son époque, Marcello fait en passant encore une critique : il lui reproche d'être vague. C'est de ce moment qu'à plusieurs reprises il caractérise l'art contemporain par opposition avec l'art antique. Si le terme était juste alors, il l'est bien plus aujourd'hui, et l'on pourrait même soutenir qu'il résume un des aspects de l'évolution musicale moderne. Infinie dans ses aspirations, la musique s'est flattée et se flatte chaque jour davantage de l'être aussi dans ses formes. Songez à tout ce que depuis les classiques, non pas même depuis Bach, mais depuis Beethoven seulement, la musique a perdu de sa carrure et de sa plasticité ; combien se sont amollis ses contours et ses arêtes effacées. Plutôt que d'affirmer en quelque sorte, et de définir, comme autrefois, elle se fait gloire d'indiquer à peine et de suggérer seulement. Sa forte réalité, son être naguère si présent et saisissable, se fond de plus en plus en un perpétuel et fuyant devenir. Là est le progrès, disent les uns ; d'autres craignent que là ne soit le péril. En tout cas il est incontestable que le changement est là.

Au contraire, quelle personnalité formelle et quelle objectivité possédait la musique d'un Marcello ! Il est presque superflu de rappeler qu'un des principaux caractères de la Renaissance fut le développement de l'individu. Personne peut-être ne l'a mieux fait voir que Burkhardt. « Au moyen âge, dit-il très bien [12], l'homme ne se cou naissait que comme race, peuple, parti, corporation, famille, ou sous toute autre forme générale et collective. » Il apprit de la Renaissance à se connaître, à se développer sous la forme individuelle, et sous cette nouvelle forme il fallut qu'un art nouveau le représentât. « En Italie la société élégante aimait le chant… mais elle ne voulait pas du chant à plusieurs voix, parce qu'on pouvait bien mieux entendre, goûter et juger une seule voix. En d'autres termes, comme malgré la modestie conventionnelle que tout le monde professe, le chant n'est en définitive que l'exhibition de l'individu dans la société, il vaut mieux qu'on entende et qu'on voie chacun à part [13]. » C'est ainsi, qu'à l'origine ou à la base de la mélodie italienne comme de tout phénomène esthétique important, il est possible de trouver un important phénomène psychologique. Le règne de la mélodie n'est pas autre chose que la manifestation dans la musique et par elle, de l'individualisme de la Renaissance. Amiel a défini musique-foule la musique de nos jours, instrumentale et symphonique : mélodique et vocale, la musique des deux derniers siècles pourrait s'appeler au contraire la musique-individu.

L'individu alors (nous parlons de l'individu musical, mélodique), était noble, et fier, et vigoureux. Il était bien, lui aussi, cet être de race et de choix, cet être de force et de beauté qu'en tout genre et pour un instant créa la Renaissance. Afin de s'en convaincre, on n'a qu'à lire de Marcello certaine sonate en *fa* majeur pour violoncelle et piano. Force, fierté, noblesse, disions-nous. Nous ne pouvons que le redire, et nous doutons que ceux-là mêmes puissent ici dire autre chose, qui contestent le plus à la musique la faculté d'exprimer des senti mens. A qui tenterait de définir ou d'analyser non pas même le premier *largo* de cette sonate, mais ne fût-ce que la première mesure de ce *largo*, les termes psychologiques s'imposent, et ceux-là seulement. On ne peut louer qu'avec des mots personnels, avec des mots d'âme, une œuvre qui est une personne et qui est une âme. Voit-on d'ailleurs que la louange en perde de son prix ? Au contraire. Contre les adversaires du beau pour ainsi dire moral ou éthique dans les arts, M. Paul Bourget a raison quand il ne voit dans la littérature, comme dans la peinture, l'architecture, la musique, que les manifestations diverses mais égales « des nuances de la sensibilité humaine. Or, qu'elle soit traduite par des mots écrits, par des sons orchestrés, par des pierres taillées, par des lignes ou par des couleurs, cette sensibilité est une. Toute la question, par-delà les habiletés et les habiletés techniques, est toujours et partout d'avoir de l'âme [14]. »

Suivons-la, cette âme, à travers la sonate du vieux maître. Reprenons la première mesure de la première page. D'où vient que le rythme, ce rythme pointé, nous en semble déjà connu ? C'est qu'il se rencontre ailleurs, dans une œuvre moderne familière à tous les musiciens : les *Études symphoniques* de Schumann. Mais il s'y rencontre, modifié par quelques variantes musicales qui sont des variantes morales aussi : de majeur il est devenu mineur ; au lieu de l'accompagnement carré qui le soutenait jadis, des triolets pathétiques l'ébranlent ; de sorte qu'en ces deux mesures, à la fois analogues et contraires, deux aspects et comme deux âmes de la musique apparaissent : l'une ferme et précise ; l'autre vague et troublée. Celle-là, c'est l'âme latine, l'âme classique, celle qui, pour citer encore M. Bourget, donne à la grande musique, non moins qu'à la grande poésie italienne, aux périodes en même temps larges et serrées de l'une comme de l'autre, « ce charme, du définitif qui est la marque vraie du génie latin. Cela est sobre à la fois et grandiose. Cela tient de l'inscription lapidaire, et cependant ce n'est ni raide ni convenu. Quand on approche de ce génie latin dans ses représentants les plus complets, le vieux terme de goût, dénaturé par la critique conventionnelle, reprend sa véritable signification, et l'on comprend quelles vertus d'intelligence il résume. Il en est d'autres, et de plus touchantes : celles-là sont les souveraines. [15]. »

Pour cette forme Renaissance de la musique que fut la mélodie, c'était un cadre à souhait que la Venise du XVIIe et du XVIIIe siècle. Venise alors jouissait avec délices de ses richesses, de sa corruption et de sa décadence. La magnificence et l'apparat de la civilisation vénitienne, le goût national des cérémonies, des assemblées et des fêtes, le génie enfin du peuple, tout favorisait la musique ; tout, jusqu'à la nature elle-même, jusqu'à cette eau partout présente, silencieuse partout, et qui semble ne se taire que pour mieux entendre chanter. Dès la seconde moitié du XVIe siècle, on représentait au palais des Doges des allégories dramatiques et musicales. C'était, par exemple, en 1571, le jour de la Saint-Etienne, devant le doge Aloïse Moccnigo, *Il trionfo di Cristo per la vittoria contro i Turchi*. Déjà, dit M. Molmenti [16], déjà *quegli uomini allegri non avevano tempo per annoiarsi* ; ce peuple joyeux ne trouvait jamais le temps de s'ennuyer. En 1581, dans une autre représentation, on voyait l'Année finissante emmener avec elle les Divertissements et les Fêtes. Celles-ci prenaient congé du doge, et, tandis qu'elles lui rendaient hommage, on chantait : « En quel lieu — Trouvons-nous meilleur accueil ? Ici les jours heureux et gais — Apportent double plaisir. — Ici, comme en paradis, — Avec la vertu règnent la paix, les fêtes et les rires [17]. » Puis s'élevait un débat philosophique entre un stoïcien et un épicurien. Alors intervenait la Sibylle, qui terminait le différend par un hymne en l'honneur de la voluptueuse Venise.

Moins d'un siècle plus tard, en 1G69. Sansovino écrivait : *che la musica aveva la propria sede in questa città*. La musique triomphait et triomphait seule, au milieu des autres arts en décadence. De 1637 à 1699, seize théâtres s'ouvrirent à Venise. Au commencement du

XVIIIe siècle, on y comptait quatre de ces fameux conservatoires féminins ou hospices, dont les voyageurs, de Brosses ou Burney, parlent avec enthousiasme. Les quatre écoles rivales se nommaient les *Mendicanti*, les *Incurabili*, la *Pieta* et l'*Ospedaletto*. « La musique transcendante, écrivait le président de Brosses en 1739, l'année même où mourut Marcello, la musique transcendante ici est celle des hôpitaux. Il y en a quatre, tous composés de filles bâtardes ou orphelines, et de celles que leurs parents ne sont pas en état d'élever. Elles sont élevées aux dépens de l'État, et on les exerce uniquement à exceller dans la musique. Aussi chantent-elles comme des anges, et jouent du violon, de la flûte, de l'orgue, du hautbois, du violoncelle, du basson ; bref, il n'y a si gros instrument qui puisse leur faire peur. Elles sont cloîtrées en façon de religieuses. Ce sont elles seules qui exécutent, et chaque concert est composé d'une quarantaine de filles. Je vous jure qu'il n'y a rien de si plaisant que de voir une jeune et jolie religieuse, en habit blanc, avec un bouquet de grenades sur l'oreille, conduire l'orchestre et battre la mesure avec toute la grâce et la précision imaginables. Leurs voix sont adorables pour la tournure et la légèreté ; car on ne sait ici ce que c'est que rondeur et sons filés à la française. La Zabetta, des *Incurables*, est surtout étonnante par l'étendue de sa voix et les coups d'archet qu'elle a dans le gosier. Pour moi, je ne fais aucun doute qu'elle ait avalé le violon de Somis [18]. C'est elle qui enlève tous les suffrages, et ce serait vouloir se faire assommer par la populace que d'égaler quelque autre à elle. Mais, écoutez, mes amis, je crois que personne ne nous entend et je vous dis à l'oreille que la Margarita, des *Mendicanti*, la vaut bien et me plaît davantage. »

Cela, c'était la musique officielle, en quelque sorte la musique d'État, et cela ne suffisait pas. Le peuple, la foule, avait sa musique aussi : « Sur cette place, écrit le P. Fontana, où l'on se réunit pour goûter le frais et se promener, sur cette place qu'on dit être la plus belle du monde, du côté qui regarde la mer, résonnent d'éternelles chansons. Les Vénitiennes qui les chantent ont l'oreille si délicate, et telle est la grâce, l'élégance de leur langue natale, que les plus humbles d'entre elles et les plus ignorantes semblent d'exquises cantatrices (*pulitissime di canto*) et des filles de noble race. »

À son tour Burney rapporte : « On n'entend de partout que des chants. Si deux personnes se promènent ensemble se tenant sous le bras, il semble qu'elles ne causent qu'en chantant. S'il y a du monde sur l'eau dans une gondole, c'est la même chose. » C'était le temps où le bel Anzoleto rencontrait Consuelo, « la petite Espagnole, devant les madonettes, chantant des cantiques par dévotion ; et lui, pour le plaisir d'exercer sa voix, il avait chanté avec elle aux étoiles des soirées entières [19]. » Les dimanches et jours de fêtes, aux *Mendicanti*, à la *Pieta*, la foule se pressait en telle abondance, que la Seigneurie dut fixer par des règlements spéciaux les heures et les conditions des offices. Tous les soirs dans la belle saison il y avait concert quelque pari ; de sorte que jour et nuit, tout entière, la ville mélodieuse chantait.

Et maintenant, regardant en arrière, reportons un moment nos yeux sur la Rome de Palestrina. C'est dans la Sixtine sombre : en haut siègent les prophètes irrités ; en bas, autour d'un pontife lui aussi menaçant, sous la menace du Christ justicier de Michel-Ange, quelques vieillards écoutent la lugubre psalmodie des *Improperia*. Des voix tristes disent les mystères de douleur et le péché de l'homme, cause de la souffrance et de la mort divine. Un par un les cierges s'éteignent, et, dans les ténèbres croissantes où nul bruit, nul rayon du dehors ne pénètre, où se devine encore la fresque terrible, les voix poursuivent la complainte sacrée d'un siècle de pénitence et de rigueur.

Cent cinquante ans plus tard, à Venise, chante un siècle de joie. Entrons à l'Académie délia Cavallerizza, ainsi nommée parce qu'elle servit jadis aux exercices équestres, aux nobles jeux physiques de la Renaissance. Dans une salle élégante, Marcello convoque une fois par semaine, pour entendre ses chefs-d'œuvre, un auditoire digne d'eux : artistes, gentilshommes, femmes éblouissantes de parure et de beauté. On va exécuter un psaume du maître. Les chœurs se composent de quatre soprani, six alti, six ténors et quatre basses ; à l'orchestre, huit contrebasses, quelques violoncelles, et un *cembalo* devant lequel, en habit de gala, Marcello lui-même vient s'asseoir. Alors, au lieu de versets austères, s'élèvent des cantiques de fête. On dit qu'à l'heure où le soleil baisse, autour du palais d'où s'échappaient de tels accents, peu à peu s'amassait la foule, et les gondoliers s'arrêtaient pour écouter, debout, appuyés sur leur rame. Hors de tout sanctuaire, libres de toute liturgie, moins sublimes sans doute que celles de la chapelle Sixtine, c'étaient encore là de belles vêpres, et magnifiquement pieuses. *I cieli immensi narrano* ! Par les fenêtres ouvertes à la brise adriatique, les voix montaient dans l'immense azur du ciel vénitien, et portaient au Dieu que cet azur atteste, l'hommage d'un lyrisme éclatant.

III

Lyrique, voilà ce qu'est avant tout la musique de Marcello. Et presque toute musique alors était cela. La musique de théâtre ne faisant que de naître, un opéra consistait en une série d'airs, c'est-à-dire de monologues lyriques reliés entre eux par un récitatif insignifiant. « Toutes les scènes, écrivait le président de Brosses, sont en récitatifs. Elles se terminent régulièrement par un grand air. L'acteur s'en va parce qu'il a chanté son air, un autre reste parce qu'il en doit chanter un ; en un mot, je trouve qu'ils (les Italiens) n'entendent point cette partie de *la liaison des scènes*. » Ils ne l'entendaient pas en effet, et ne devaient pas être un jour les premiers à l'entendre. Lier les scènes, établir les rapports et l'unité entre des parties jusqu'alors étrangères et indépendantes ; de membres épars faire un seul corps ; l'envelopper d'un tissu et comme d'une chair homogène et souple, où circule le sang, où fleurit la vie ; entre le récitatif et les morceaux, ou, comme disait encore M. de Brosses, entre le *remplissage* et les *endroits forts* essayer de combler le fossé ; constituer en un mot et organiser le drame musical, c'était l'œuvre réservée au XIXe siècle, et de cette œuvre l'Allemagne et la France devaient être les grandes ouvrières.

N'importe, de ces vieux opéras, de ces rapsodies lyriques, les *endroits forts* étaient beaux quelquefois, et même sublimes. Il s'en rencontre de tels dans une œuvre de Marcello peu connue, mais très digne de l'être ; *Ariane*.

Ariane, ma sœur, de quel amour blessée...

C'est bien le sujet ; mais dans l'opéra de Marcello la royale demoiselle (*regal donzella*) n'a garde de mourir aux bords où elle fut laissée. Le livret italien, qui ne manque ni de poésie, ni de passion, ne manque pas non plus de gaîté. Il fait un peu de Thésée un héros d'opérette, et d'Ariane, acharnée à le poursuivre, l'émule tour à tour de deux Elvires également amoureuses, mais nobles inégalement : celle de *Don Juan* et celle de *M. Cryptogame*. Pour se débarrasser d'Ariane et s'enfuir avec Phèdre, Thésée n'a rien trouvé de mieux que de céder Ariane à Bacchus, en le chargeant de la consoler. Bacchus accepte, réussit, et ce nouvel arrangement satisfait tout le monde, y compris le gros Silène » acolyte et confident de Bacchus, conseiller d'optimisme et de philosophie, dont le rire éclate tout le long de cette tragi-comédie.

S'il y a parfois dans *Ariane* un peu de la *Belle Hélène*, c'est dans le livret seulement. La musique ne porte pas trace de parodie ; elle annonce Gluck et non Offenbach. Elle l'annonce, et plus d'une fois elle l'égale. Elle l'égale par la force, par la grandeur, par la vérité sommaire et saisissante de l'expression. Je sais une plainte d'Ariane : *Come mai puoi — Veder mi piangere* ? que les plaintes d'Alceste ne dépasseront guère. Il serait intéressant et facile de réinstrumenter cette page, et deux ou trois timbres choisis : une flûte grecque, un hautbois gémissant, un cor mystérieux, envelopperaient sans l'étouffer la magnifique mélodie. La voilà, l'Ariane antique, celle du musée du Vatican, celle de Racine,

Ariane aux rochers contant ses injustices.

La phrase du musicien est aussi belle que le vers du poète, et de la même beauté sobre et forte, sans épithète et sans ornement.

De Silène aussi deux airs sont admirables : l'un où le dieu goguenard s'émerveille de voir son maître si facile à la tentation d'amour :

E piu tenace

Di vischio o rete,

Il crine, il guardo

D'una belta.

« Plus tenace — Que la glu ou le lacet — Est le cheveu, le regard — D'une beauté ! » Le chant est superbe d'ironie. Sur lui tombe et retombe en avalanche un trait de violons foudroyant. Au-dessous grondent en tierces les basses moqueuses. A leur place, imaginez des bassons : voilà tout ce qu'un maître moderne, le Verdi de *Falstaff* par exemple, ajouterait peut-être, pour le rajeunir, à ce vieux fond du génie italien, à ce chef-d'œuvre de vérité et de vie.

Même carrure, même grandeur héroï-comique dans un autre air de Silène vantant à Ariane les exploits de son maître, le Bacchus indien :

Nel paese ove il sol esce fuora,

Migliaia d'uomini

Col forte braccio

Fece in pezzi, abbattè, sconquassò.

« Au pays où le soleil se lève, — Des milliers d'hommes — Par sa forte main — Ont été mis en pièces, abattus, écrasés. » Tandis qu'un *tremolando* vocal extraordinaire donne au *sconquassò* final un accent de fureur bouffonne, la tonalité mineure du premier vers suffit pour évoquer la poésie et le mystère du lointain Orient. De cet Orient, voici le Dieu vainqueur.

Viens, ô divin Bacchus, ô jeune Thyonée,

O Dionyse, Evan, Iacchus et Lénée ;

Viens, tel que tu parus aux déserts de Naxos,

Quand tu vins rassurer la fille de Minos.

Le superbe éléphant, en proie à ta victoire,

Avait de ses débris formé ton char d'ivoire,

De pampres, de raisins mollement enchaîné,

Le tigre aux larges flancs de taches sillonné,

Et le lynx étoilé, la panthère sauvage,

Promenaient avec toi ta cour sur ce rivage.

L'or reluisait partout aux axes de tes chars.

Les Ménades couraient en longs cheveux épars

Et chantaient Evoé, Bacchus et Thyonée,

Et Dionyse, Evan, Iacchus et Lénée,

Et tout ce que pour toi la Grèce eut de beaux noms [20].

A la voix du musicien, plus éclatante encore que celle du poète, tel il vient le jeune dieu. En quel magnifique appareil et salué de quelles acclamations ! Oh ! l'admirable cortège sonore, où Haendel pourrait bien avoir pris l'allégresse triomphale, les somptueuses sonorités et jusqu'à l'ascension diatonique de son fameux *Alléluia*. Mais ce que ne pouvait dérober à Marcello le colosse anglo-saxon lui-même, c'est après tant de force tant de grâce ; après le premier chœur, le second : trois ou quatre pages en l'honneur non plus du dieu guerrier, mais du dieu rustique qui maria la vigne à l'ormeau :

Viva dell' olmo e della vite

L'almo fecondo sostentator !

Il appartenait à la seule Italie de chanter ainsi l'hymen de l'arbre avec la liane sacrée, et de donner au feston de la mélodie la courbe exquise des pampres qu'on voit courir de branche en branche, dans les derniers jours de l'été, là-bas, au doux pays vénitien.

Enfin, si, comme je le souhaite, vous êtes curieux de cette œuvre jusqu'au bout, lisez le dernier chœur, durant lequel Ariane reçoit de la part de Vénus la couronne d'étoiles qui dans le ciel encore aujourd'hui porte son nom. Par la pureté de la ligne, par la simplicité des modulations, par la sobriété de l'harmonie et des ornements, cela est antique, cela est divin. Amiel parle quelque part d'un point précis et fugitif où l'artiste, le poète, le penseur, doit saisir l'idée et le sentiment pour les fixer ou les éterniser, parce que, dit-il, « c'est leur point suprême, c'est l'instant de l'idéal. » Dans l'histoire d'un art ou d'une forme d'art aussi bien que dans la vie d'un artiste, cet instant se rencontre. Il s'est rencontré dans l'histoire de la mélodie italienne, et c'est l'instant où parut Marcello.

IV

L'opéra d'*Ariane* est une exception dans l'œuvre du maître vénitien. Marcello n'estimait guère la musique dramatique ; il en soutirait avec répugnance les conditions, les nécessités et les compromis. Quant au monde ou au « milieu » du théâtre, nul n'en a plus vivement que lui raillé la vanité, les ridicules et la sottise. Il ne se dissimulait l'infériorité ni du genre ni des gens. Quel mal d'abord la poésie ne peut-elle pas faire à la musique ! « Vains poèmes, écrit Marcello [21], que ceux auxquels la musique de nos jours est obligée de se soumettre ! Loin de faire de la musique notre guide respectable et majestueux vers les spéculations philosophiques, une telle poésie la dégrade, la rend indigne de toute estime (et il est des gens, hélas ! pour s'en réjouir). Dès lors elle n'est plus capable que d'exciter les passions molles et voluptueuses (si encore cela n'arrivait qu'au théâtre, et jamais dans la maison de Dieu !) Elle ne sert plus à procurer une délectation honnête et tranquille, à régler les mœurs, à réveiller le courage, ni à inspirer le respect du Très-

Haut et des choses saintes. »

Plus que de toute autre poésie Marcello se plaint de la poésie d'opéra. On a publié récemment un prologue satirique écrit par lui à l'occasion et aux dépens d'un certain *Pastor fido*, arrangé par Pasqualigo d'après le *Pastor fido* de Guarini, mis en musique par Carlo Pietragrua et représenté à Venise sur le théâtre San Angelo, en 1721 [22]. On arrangeait déjà les œuvres des poètes à l'usage des musiciens. On les arrange encore aujourd'hui, et voici, pour les arrangeurs, ce que Marcello pensait de tels arrangements. C'est l'ombre de Guarini qui parle : « Ainsi, j'entendrai cette gent sotte et vaine chanter, pour le plaisir de scènes corrompues, mon labeur, ma fatigue de tant de jours et de tant de nuits ! O jours, ô nuits mal employées ! ô traces vainement suivies des Latins et des Grecs ! ô fleurs toscanes cueillies indignement sur le Parnasse sacré, puisqu'on en devait tresser, pour des fronts profanes, d'inutiles, de houleuses guirlandes ! Et toi, qui que tu sois, qui te réjouis de mon supplice, poète (je le dirai pourtant), poète impie, inhumain, hélas ! fallait-il me déchirer ! fallait-il, hélas ! pour le plaisir de l'inepte vulgaire, qu'à des maléfices et des sortilèges on fit servir mes chants sacrés [23] ? »

Que pensent d'une pareille protestation nos modernes faiseurs de livrets ? Sont-ils sûrs que si les ombres de Dante, de Shakespeare, de Gœthe et de Schiller revenaient sur nos théâtres de l'Opéra et de l'Opéra-Comique, elles n'y tiendraient pas à peu près ce langage ?

C'est encore aux poètes d'opéra que, dans son pamphlet du *Théâtre à la mode*, Marcello donne la première place et porte les premiers coups. Du chapitre I, qu'il leur consacre, et du chapitre suivant, qui s'adresse aux compositeurs, on pourrait extraire non pas une philosophie, le mot aurait ici quelque chose d'ambitieux et de pédantesque, mais des idées abondantes, fines et profondes, sur les rapports de la musique et de la poésie. Pas une question importante, et de celles qu'on traite encore aujourd'hui, que Marcello n'entrevoie et n'aborde : quels sujets se prêtent à la musique et lesquels s'y refusent ; abus, dans le drame musical, des incidents, des péripéties, de l'action trop compliquée ou trop rapide ; inconvénients d'une mise en scène exagérée ; nécessité pour le librettiste d'être un véritable poète, mais un poète en quelque sorte musical ou pour ainsi dire *musicable*. Autant de sujets sur lesquels Marcello jette un regard et dit un mot. Le mot est toujours ironique et le regard moqueur. Voici, par exemple, quelques-uns des conseils qu'il prodigue aux poètes :

« Tout d'abord, le *poète moderne* ne doit pas avoir lu ni lire jamais les anciens auteurs latins et grecs, par la raison bien simple que les anciens Grecs et Latins n'ont jamais lu les modernes.

« Il ne devra pas connaître davantage la métrique du vers italien, mais en avoir seulement quelque notion superficielle qui lui ait appris que le vers se forme de sept ou onze syllabes ; et avec cette règle il pourra en composer à volonté de trois, de cinq, <le neuf, de treize, et même de quinze...

« Le poète moderne ne soignera pas le style du drame, en réfléchissant qu'il doit être entendu par la vile multitude... Il pourra également transporter ses drames français en italien, mettre la prose eu vers, tourner le tragique en comique, ajouter ou retrancher des rôles à la volonté du directeur...

« Il donnera pour accessoires à sa pièce des prisons, des poignards, des poisons, des lettres, des chasses à l'ours, des combats de taureaux, des tremblements de terre, des flèches, des sacrifices, etc., a lin que le public soit fortement secoué par ces objets imprévus... »

Des poètes, Marcello passant aux compositeurs, ne les épargne pas davantage :

« Le *maestro moderne* coupera le sens et la signification des paroles, surtout dans les grands airs, en faisant chanter par l'artiste le premier vers (bien que ce vers seul ne signifie rien par lui-même), puis en introduisant aussitôt une longue ritournelle pour les violons ou les violes...

« Il pressera ou ralentira le mouvement d'un air, selon le caprice des chanteurs, et dissimulera le mécontentement que lui fait éprouver leur insolence, en se disant que sa réputation, son crédit et ses intérêts sont dans leurs mains, et que, par ce motif, il doit changer sans se faire prier les airs, récitatifs, dièses, bémols ou bécarres...

« Quand le chanteur en sera à la cadence, le maître de chapelle fera taire tous les instruments et laissera le virtuose ou la cantatrice libre de prolonger cette cadence aussi longtemps qu'il leur plaira. Il donnera peu d'attention aux *duetti* et aux chœurs et tâchera qu'on puisse les supprimer à volonté…

« S'il entre dans les airs des mots tels que *Padre, Impero, Amore, Arena, Regno, Beltà, Lena, Core*, etc., ou des adverbes comme *no, senza, già*, etc., le compositeur *moderne* écrira sur ces mots de longues roulades, de façon à ce qu'ils soient prononcés ainsi : *Paaaadre, Impeeeero, Amoooore, Areeecena, Reeeegno, Beltààà, Leeeena, Coooore, noooo, seeeenza, giàààà* [24]. » Marcello poursuit jusqu'au bout, avec cette verve et cette ironie, la satire du théâtre de son temps. Il dénonce l'anarchie esthétique et le renversement des lois fondamentales : le sacrifice constant du principal à l'accessoire, de la fin aux moyens, de la vérité à la convention ; tous les abus enfin et les vices par où devait périr et a péri, en effet, ce qui fut autrefois l'opéra italien.

Mais ce n'est pas seulement aux poètes et aux compositeurs que s'en prend Marcello. Sou livre s'adresse aussi, le titre déjà l'annonce, aux « chanteurs de l'un et l'autre sexe, directeurs, instrumentistes, machinistes, peintres, bouffes, costumiers, pages, comparses, souffleurs, copistes, protecteurs et mères d'actrices et autres personnes attachées au théâtre. » Une telle nomenclature n'est-elle pas à elle seule une satire ? Hélas ! oui, pour un opéra ou un drame lyrique, il faut tout cela. A l'existence de cette œuvre d'art, tout ce monde, sauf peut-être (et encore !) les deux dernières catégories de personnes, tout ce médiocre inonde est indispensable. Dans un tel concours de tous les arts, voire de tous les métiers, certains ont cru voir l'éminente dignité du théâtre. Peut-être avec plus de raison, Marcello n'en voyait là que l'infériorité et la misère. Il redoutait, pour le génie, le trop grand nombre des intermédiaires et des interprètes. Il savait que la pensée musicale est un roseau chantant et que, trop souvent, c'est pour l'écraser que s'arme cet univers. Voilà pourquoi, de cet univers, rien ni personne devant lui ne trouve grâce. Les deux chapitres, on pourrait dire les deux épîtres, aux chanteurs et aux cantatrices sont des chefs-d'œuvre d'insolente ironie :

« Le *virtuose moderne*, y est-il dit, ne doit pas avoir solfié et ne solfiera jamais, pour échapper au danger de bien poser la voix, de chanter juste, d'aller en mesure, etc., toutes choses contraires aux habitudes modernes.

« Il n'est pas nécessaire qu'il sache lire ni écrire, qu'il prononce bien les voyelles, qu'il exprime correctement les consonnes, simples ou doubles, qu'il comprenne le sens des paroles, etc. Il devra, au contraire, confondre les mots, les lettres, les syllabes, etc., pour arriver à faire des traits de bon goût, des trilles, appoggiatures, cadences, etc...

« Il prononcera de telle façon que dans les ensembles il soif impossible de distinguer un mot ni une syllabe...

« Lorsqu'il sera en scène avec un autre acteur qui, suivant l'exigence du drame, s'adressera à lui en chantant un air, il n'y fera pas attention. »

Voilà pour la satire en quelque sorte artistique. L'impitoyable auteur du *Théâtre à la mode* y joint la satire morale. Vanité, prétentions, rivalités mesquines, basses jalousies, à cela se réduit, selon Marcello, la psychologie du comédien lyrique : « Le chanteur se plaindra toujours de son rôle, eu prétendant qu'il n'est pas fait pour lui ; que les airs ne sont pas à la hauteur de son talent. Alors, il citera un air d'un autre compositeur et affirmera qu'à telle cour, chez tel grand seigneur, cet air (modestie à part) a enlevé tous les suffrages et lui a été redemandé *jusqu'à dix-sept fois dans la même soirée...*

« Il gardera toujours son chapeau sur la tête, quand bien même une personne de qualité lui adresserait la parole, dans la crainte de se refroidir. Lorsqu'il saluera quelqu'un, il ne se découvrira pas, car il réfléchira qu'il tient *l'emploi* des princes, des rois et des empereurs. »

Quant à la cantatrice. Marcello l'épargne moins encore, elle, *Madame sa mère*, son protecteur *il signor Procolo*, son chat, ses deux petits chiens et le reste de la ménagerie, à laquelle le *signor Procolo* est chargé de donner à manger et à boire. Faites-vous présenter à la prima donna : « Elle vous dira qu'aussitôt la saison de carnaval terminée, elle se mariera ; qu'elle est promise depuis longtemps à un homme de qualité. Si, par honnêteté, la cantatrice refuse d'accepter une montre, *Madame sa mère* s'empressera de la gronder, en lui disant : « On voit bien que tu ne connais pas la politesse ! Faire un tel affront à ce gentilhomme qui agit avec tant de courtoisie ! » Elle acceptera le cadeau de l'étranger, et lui dira :

« Cher seigneur illustrissime, pardonnez-lui, car c'est la première fois que cette petite sotte quitte son pays. »

Lisez, lisez tout cela. L'étude de mœurs vaut l'étude d'art, la dépasse peut-être, et lui survit. Depuis Marcello les choses ont changé, mais les choses seulement. Le théâtre s'est corrigé, non les comédiens. Et ceux-ci pas plus que le reste des hommes ne se corrigeront. Dès lors, de cette double satire qu'est le *Théâtre à la mode*, quelques traits peuvent se perdre aujourd'hui ; les autres touchent encore et toucheront éternellement ce qu'il y a d'éternel dans les travers et les ridicules d'un caractère ou d'une condition.

V

Dédaigneux du théâtre et dégoûté du monde, le maître aristocrate et pieux n'avait plus qu'à se réfugier dans le lyrisme sacré. Il y trouva l'occasion et l'inspiration de son chef-d'œuvre, que dis-je, de cinquante chefs-d'œuvre : les *Psaumes*. Nous avons vu comment le sujet lui fut offert. Il le prit avec enthousiasme, avec une crainte religieuse aussi, mais surtout avec la noble ambition de rappeler son art à un idéal que son art alors menaçait de trahir. « Pour fournir à la musique, dit-il dans la préface des *Psaumes*, un digne sujet de se faire entendre avec la véritable efficacité de sa gravité naturelle ; pour quelle puisse agir, non pas à l'égal de la musique antique, car les lois et les temps sont changés, mais en se conformant, du moins selon l'usage consacré, au culte de la Divinité, j'ai fait choix d'un saint travail et d'une matière divine, qui n'est autre que la présente traduction poétique des *Psaumes*[25]. »

Il y a cinquante *Psaumes* de Marcello, non pas traduits littéralement, mais paraphrasés d'après le texte du Prophète-Roi. Ils sont peut-être, avec les cantates de Bach, ce que le lyrisme musical classique a produit de plus grand et de plus fort. Le lyrisme ! On sait assez, depuis que M. Brunetière, en ses leçons de Sorbonne, l'a fait magistralement savoir, on sait assez, disons-nous, ce qu'il est en poésie : « De tous les genres le plus intime et le plus personnel, et cela non seulement dans son fond ou dans son expression, mais dans ce que sa forme a de plus extérieur et presque de plus matériel[26]. » En musique également le lyrisme est un genre où s'affirme et s'accuse la personnalité de l'artiste. Schumann en notre siècle l'a prouvé ; plus d'un siècle auparavant Marcello déjà en avait témoigné, et si, comme le montre encore M. Brunetière [27], « en tous lieux et à toutes les époques de l'histoire, le *lyrisme*, pour se développer, a besoin d'être favorisé par le développement de l'*individualisme*, » le compositeur des *Psaumes* n'est peut-être un grand lyrique que pour avoir été avant tout un grand maître de la mélodie, c'est-à-dire de l'individualisme musical.

Dans les *Psaumes*, plus que partout ailleurs, elle triomphe et règne, la mélodie. Elle est la seule interprète de l'âme ; par elle seule est traité le grand, l'unique thème des Psaumes, lequel n'est autre que l'idée de Dieu. Quand M. Brunetière se plaint [28] que ce thème-là ne fournisse pas à l'inspiration lyrique d'assez nombreuses ressources, est-il bien en droit de se plaindre ? Sans doute il n'y a pour l'homme que deux manières de concevoir et de représenter Dieu : il faut ou le personnifier, ou « ne prendre son nom que pour synonyme d'*Immanent* et d'*Inconnaissable* » [29]. Et il est évident que de ces deux conceptions la seconde sera plutôt celle des philosophes et des métaphysiciens ; celle des artistes ne saurait jamais être que la première. Mais celle-ci même comporte une très grande variété. Du Dieu personnel, à la fois créateur et sauveur, du Dieu des humbles et des forts, du Dieu de la Bible et de l'Evangile, du Dieu qui pardonne et qui punit, les arts ont pu créer d'innombrables représentations ; le dogme chrétien est assez large pour les comprendre, les autoriser et les reconnaître toutes. Voilà comment le Dieu de Marcello n'est pas le Dieu de Palestrina, ou plutôt comment Dieu n'a pas été compris ni chanté de même par les deux musiciens. Ni les grands artistes ni les grands saints ne servent par des vertus ou par des chefs-d'œuvre identiques le Père dans la maison duquel il y a plusieurs demeures. Une cellule eût été la demeure de Palestrina ; ce qu'il fallait à Marcello, c'est un palais vénitien. La musique de l'un est toute contemplation, extase ; celle de l'autre est action, mouvement et transport sacré. Les motets, les répons de Palestrina méditent tout bas le Dieu qu'on adore : c'est vers le Dieu qu'on admire et qu'on glorifie sur les hauteurs, que s'élancent les *Psaumes* de Marcello.

Il en est peu d'intimes, Marcello n'étant pas un maître de la vie intérieure ; et puisqu'on l'a surnommé le Michel-Ange des musiciens, c'est aussi qu'il y en a peu de tendres ou de gracieux. Il y en a quelques-uns pourtant. Que le Psalmiste, détournant les yeux du Seigneur ou de lui-même, vienne à les reposer un instant sur la terre ; qu'il cherche près de lui, dans la fleur, dans le cours d'eau, de poétiques symboles, l'emblème de son âme, les images de sa propre faiblesse ou de sa fragilité ; alors et par exception la musique se fera plus modeste, plus humble ; elle respirera la fraîcheur et la paix ; elle trouvera des accents d'onction et de bénignité, et tel psaume, naïf comme un cantique, exprimera délicieusement la parfaite remise de l'âme entre les mains de Dieu et cet abandon que Fénelon souhaitait pareil à celui d'un petit enfant.

Mais plus que la douceur de Marcello, j'admire sa puissance : tantôt l'assurance de sa foi, l'impétuosité de sa prière, tantôt la tragique émotion de son repentir. Traitée dans un sentiment et dans un style pareil, en cantates pathétiques, en récitatifs grandioses et hardis, il fallait que la musique religieuse sortît de l'église. Encore sacrée, elle a cessé d'être liturgique ; elle veut être applaudie, elle force l'enthousiasme parce qu'elle le respire. De tous les psaumes, les plus admirables et les plus caractéristiques du génie de Marcello sont les glorieux et les triomphants. Les voilà, les véritables odes de la musique, lancées d'un seul jet, montant tout droit et très haut. Avec quelle audace, avec quelle soudaineté surtout elles partent ! De ces départs foudroyants, de ces débuts qui sont des explosions, les grands maîtres de la mélodie ont seuls possédé le secret ; un Palestrina jamais ne les a connus.

I cieli iramensi narrano

Del grande Iddio la gloria.

Chacun sait comment éclate le plus fameux et peut-être le plus sublime des Psaumes de Marcello. Qui n'en connaît au moins le premier tempo ? Qui n'a subi la commotion de cette attaque en levant, de cette (GREC), comme disaient les Grecs, qu'on retrouve au début de presque toute page de musique héroïque. D'abord une seule voix sillonne l'espace, y traçant, de la tonique à la dominante, l'éclair de la mélodie. Le chœur lui répond aussitôt par la mélodie répétée, et plus belle de cette seule répétition, c'est-à-dire plus belle d'elle-même et de son propre accroissement. Une seconde fois elle frappe lu dominante et semble s'y briser. Alors des éclats brillants s'en détachent, mais pour rentrer bientôt dans son orbite et de nouveau se fondre en elle. Il se fait là comme une ébauche de ce que sera un jour le travail de la symphonie. A des hauteurs différentes, en majeur, en mineur tour à tour, le motif renaît et se répercute. *Il firmamento lucido* ! ce psaume est bien le psaume du firmament. Une voix y enfonce, y plante véritablement les notes comme les clous d'or des constellations ; une autre, presque immobile au centre, sert de pivot à l'ensemble, et sur elle tourne l'harmonie tout entière, comme tourne sur l'axe divin la voûte même du ciel. C'est le ciel visible, le ciel des astres plus que celui des âmes que chante le sublime cantique. Mais celui-là du moins ne fut jamais chanté avec une telle magnificence.

Par cette extériorité radieuse et dans cette splendeur d'apothéose, le Marcello des *Psaumes*, de ce psaume surtout, nous apparaît une dernière fois ce qu'il fut toujours : non seulement un grand Italien, mais un grand Vénitien. Y a-t-il donc une musique comme une peinture vénitienne, et le rapport existe-t-il aussi étroit, aussi évident entre Venise et Marcello qu'entre Venise et par exemple Titien ? Du climat, de l'atmosphère, de l'aspect et du caractère de la ville exquise est-il possible de dégager ou de déduire un idéal sonore comme un idéal coloré ? Démontrerait-on que cette musique est, aussi nécessairement que celle peinture, fille de ce ciel et fille de ces eaux ? Non sans doute, et la filiation, moins directe, est aussi moins apparente. Elle existe pourtant, et la musique, sans être un miroir aussi fidèle que la peinture, est un miroir encore.

Dans un tableau de Véronèse, c'est en quelque sorte le visage même de Venise que vous contemplerez ; vous entendrez son aine dans un psaume de Marcello. L'un vous la montre vivant dans sa lumière blonde ; l'autre chante la joie qu'elle a d'y vivre. Rappelez-vous certaines pages de Taine sur les paysages vénitiens, sur la lumière et l'eau des lagunes, sur le nouveau monde que rencontre là-bas la vision : « C'est un miroitement, un amollissement, un éclat incessant de teintes fondues… On passerait des heures à regarder ces dégradations, ces nuances… ces dehors ondoyants et voluptueux des choses [30]. » Toute pittoresque et sensible à l'œil seulement, ce n'est pas cette flottante Venise qu'on retrouve dans la ferme et franche musique de Marcello. Mais il est une autre Venise, el Taine encore l'a comprise et décrite ; il en a senti « la force joyeuse, épanouie, abandonnée, mais toujours noble, qui nage en pleine prospérité et en plein bonheur [31]. » C'est par la même noblesse et le même abandon, par cet épanouissement, cet air de bonheur et de prospérité ; c'est par une semblable force et par une joie pareille, que le maître des *Psaumes* est véritablement Vénitien. Il l'est à la manière robuste et fougueuse du peintre de l'*Assomption*. *I cieli immensi narrano*, c'est l'*Assomption* de Titien en musique. Taine toujours, a décrit le chef-d'œuvre peint avec des mots qu'on pourrait presque appliquer au chef-d'œuvre chanté : « Une teinte rougeâtre, dit-il, pourprée, intense, enveloppe le tableau tout entier : c'est la plus vigoureuse couleur, et par elle une sorte d'énergie saine transpire de toute la peinture. Au bas sont les apôtres… au-dessus d'eux, au milieu de l'air, la Vierge monte dans une gloire ardente comme la vapeur d'une fournaise ; elle est de leur race, saine et forte, sans exaltation ni sourire mystique, fièrement campée dans sa robe rouge qu'enveloppe un manteau bleu. L'étoffe se ploie en mille plis dans le mouvement du corps superbe ; son attitude est athlétique, son expression est grave… Rien de mou ou d'alangui ; la grâce y reste virile. C'est la plus belle fête païenne, celle de la force sérieuse et de la jeunesse éclatante : l'art vénitien a là son centre et peut-être son sommet. »

Un seul mot excepté, le mot « païenne », qui ne sied assurément pas à l'œuvre du musicien, ni même peut-être à celle du peintre, tout est vrai ici du cantique aussi bien que du tableau. Oui, de la musique également transpire une saine énergie. Au centre du psaume, au-dessus de l'harmonie sommaire qui l'accompagne, robuste, et, sinon sans exaltation, du moins sans mystique sourire, la mélodie monte fièrement. Gravité de l'expression, grâce virile, sérieux de la force, éclat de la jeunesse, rien de ce que possède la belle créature peinte ne manque à la belle créature sonore, emportée dans un mouvement plus impétueux encore que celui des lignes, dans une gloire encore plus ardente que celle des couleurs. Et quant à la robe rouge qu'enveloppe le manteau bleu, quant à ces deux tons hardiment rapprochés, est-il impossible d'en retrouver chez le musicien, ne fût-ce que dans la modulation de la tonique à la dominante, la forte opposition, le rapport à la fois élémentaire et vigoureux ? Décidément les deux chefs-d'œuvre ont bien la même patrie. Ils se ressemblent non seulement par l'inspiration, mais par l'exécution, j'allais dire par la technique même ; ils trahissent une main, une touche commune, *il vero colpo veneziano*. On a dit que les vierges de Raphaël, si elles chantaient, chanteraient les mélodies de Mozart. Si les apôtres de Titien se mettaient à chanter, ils chanteraient les psaumes de Marcello.

NOTES

Voir la Revue du le octobre 1894.

2.   Le palais Marcello est occupé aujourd'hui par la maison Bialotto et Cie (magasin et dépôt d'ébénisterie et de bois taillés). Il touche au jardin du magnifique palais Vendramin-Calergi, où, le 13 février 1883, mourut Richard Wagner (Busi, op. cit.).

3.   Ainsi nommée parce qu'elle était tirée au sort chaque année le jour de la Sainte-Barbe.

4.   M. Busi, op. cit.

5.   Fontana, Busi, op. cit.

6.

I
No, cho lassù ne' cori almi e beati

Non entrano castrati,

Perche è scritto in quel loco

— Dite che è scritto mai !

— « Arbor che non fa frutto arda nel fuoco. »

— Ahi ! ahi ! ahi !

II
Si, che laggiù nell' Erebo profondo

Ove alle flamme vassi,

Cadran tenori e bassi ;

Perche scritto gia fu da sacri vati :

« Quei che castrati son saran beati ! »

7.   Caffi, op. cit.

8.
Otto lustri gia vissi ; ahi ! como scrivo

Che vissi, e vissi tanto ! anzi degg'io
Morte vera chiamar quel viver mio
Nel fango involto, e di tua grazia privo.

9.

Ma quante, quante ancor note profane
Questa inan non segnò, quando mi prese
Musica a miglior anni ! E qual rimane
Frutto d'ore si hughe invano spese !

10. Lettre de Gio-Antonio Riccieri au P. Martini (24 avril 1733) dans le Carteggio inedito del P. Martini coi più celebri musicisti del suo tempo ; Bologna, Zanichelli, 1888.

11. « Se un nobile sposava una schiava, una fantesca o femina da villa overo qualunque altra de abieta e vil condizionei decadeva, insieme coi figli, dal benefizio della nobilta, e diveniva soltanto cittadino originario. » — P.-G. Molmenti, op. cit.

12. La civilisation en Italie au temps de la Renaissance, traduction de M. Schmitt. — 2 vol. ; E. Plon, Nourrit et Cie, Paris.

13. Burkhardt, ibid.

14. M. Paul Bourget, Études et Portraits.

15. M. Paul Bourget, Sensations d'Italie.

16. La Storia di Venezia nella vita privata.

17.

E in qual loco mai
Troviam miglior ricetto
Ch' in questo ? Giorni qui felici e gai
Rendon doppio diletto ;
Qui come in Paradiso
Con virtù regna pace e festa e riso.

(Cité par M. Molmenti, op. cit.)

18. Célèbre violoniste du temps.

19. George Sand, Consuelo.

20. André Chénier.

21. Préface des Psaumes.

22. Un prologo e un sonetto satirici di Benedetto Marcello, édités à Venise (Fontana, 1894) par Si. Taddeo Wiel, bibliothécaire de Saint-Marc, à l'occasion du mariage du comte Andréa Marcello avec la comtesse Maria Grimani-Giustiniani.

23.
Ma sentirò da sciocca e vana gente
Cantarsi ad uso di corrotte scene
Quella di tanti giorni
Ed altrettante notti ardua fatica.
Oh ! giorni ! oh ! notti adunque
Mal spesi ! Oh ! inyan seguite
Greche scorte e Latine ! Oh ! toschi fiori
Indegnamente colti
Nel sacro Parnaso,
Se formarne doveansi
Inutili ghirlande e vergognose
A tempie si profane !
E tu, chiunque sia
Che del mio strazio esulti,
Poeta (il dirò pur) empio, inumano,
Deh ! perche lacerarmi,
Deh ! perche ad allettar l'insano volgo
Formi incanti e malie con sacri carmi !

24. C'est ce que le président de Brosses appelait « badiner sur les voyelles. »

25. « Per renderle adunque un degno argomento di farsi udire nella sempre utile sua gravita naturale, e se non efficace al pari dell' antica per la differenza delle leggi e dei tempi, almeno conforme nell' uso consacrato al culto della Divinita, si e cercato un lavoro di sacra e divina materia, quale si è la présente poetica traduzione dei Salmi. »

26. M. Brunetière, l'Évolution de la poésie lyrique en France au XIXe siècle ; Paris, Hachette.

27. Id., op. cit.
28. Id., op. cit.
29. Id. ; ibid.
30. Taine, Voyage en Italie.
31. Taine, ibid.

III. PERGOLÈSE [1]

Il faut peu de mois pour parler de lui, car sa vie et son œuvre sont brèves ; mais il faudrait des mots exquis, car c'est une exquise figure. *Giocane e moribondo*, dit l'inscription placée dans une salle attenant à l'église de Pouzzoles où il repose. Jeune et mourant, c'est bien ainsi qu'on le voit, qu'on le plaint et qu'on l'aime. Ses deux chefs-d'œuvre, égaux et divers, la *Servante maîtresse* et le *Stabat Mater*, ont le double prestige de la jeunesse et de la mort. Il ne fut pas comme Marcello un grand, un riche, un heureux, et sous le ciel de Naples jamais plus beaux vingt ans ne moururent de plus de tristesse et de plus de misère. Après Marcello, qui fut la force, Pergolèse est la grâce, la grâce furtive et passagère. Après le maître grandiose de la mélodie italienne, en voici le maître délicieux ; au pied de l'arbre et dans son ombre, la fleur charmante, hélas ! passée avant le soir. Si l'on sait peu de chose de lui, ne cherchons pas à en savoir davantage, Rêvons-le, si nous ne pouvons le connaître. Surtout ne mêlons rien d'abstrait ni d'aride à sa poétique mémoire. A ce génie simple, un peu frêle, épargnons tout ce qui pourrait lui peser et disons comme Perdican devant une fleur aussi : « Je n'en sais pas si long... Je trouve qu'elle sent bon, voilà tout. »

I

Quand j'essaie de me figurer Pergolèse, je le vois d'abord à seize, ans. Pour venir à Naples, il a quitté Jesi, la petite ville pontificale où il naquit d'une humble famille : son grand-père était cordonnier, son père arpenteur (*agrimensore*). Le svelte et frêle adolescent porte la soutane rouge et le manteau bleu des « Pauvres de Jésus-Christ. » Sur la recommandation d'un grand seigneur de son pays il a été admis au conservatoire de ce nom. Naples recueillait là, pour les instruire, les plus abandonnés et les plus malheureux de ses enfants. Ils y étaient élevés gratuitement, formés à des métiers divers suivant la diversité de leurs aptitudes et de leurs goûts. En même temps que la religion et la morale, on leur enseignait la musique. Partout ainsi, à Naples comme à Venise, la mélodieuse et deux fois libérale patrie donnait à ses fils avec un peu de son or un peu de son génie, et de chaque asile de misère faisait une école de beauté.

L'écolier qu'était Pergolèse étonna bientôt ses maîtres : son maître de violon d'abord. Pareil au chanteur de la fable, « il faisait des passages » ; et si hardis, si nouveaux, qu'on s'en émerveillait. De Greco, de Durante, de Feo tour à tour il apprit l'harmonie et le contrepoint ; il n'apprit la mélodie de personne. Souvent il allait avec ses condisciples par les campagnes délicieuses. Alors, comme un ruban d'écarlate et d'azur, la file des petits moinillons serpentait au flanc des coteaux napolitains. On revenait le soir, le long du Pausilippe, à l'heure où les pécheurs tournent le promontoire en chantant. Les paysans chantaient aussi sur le chemin. Chansons de la terre et chansons des vagues, l'enfant les écoutait toutes. Follement joyeuses ou tristes à mourir, ainsi qu'elles sont encore, toutes étaient sincères, toutes étaient vivantes, et c'est d'elles peut-être que passa dans l'œuvre de Pergolèse, dans la *Servante maîtresse* et dans le *Tre giorni son che Nina*, je ne sais quel goût de terroir et de peuple, l'accent de la vie et de la vérité.

Autant que la musique populaire, il aimait la musique sacrée. Quand venaient les jours du carnaval, le petit « Pauvre de Jésus-Christ » se plaisait à les sanctifier. Laissant la ville à sa folie, il entrait dans une chapelle d'Oratoriens voisine du conservatoire, et jouait sur l'orgue les morceaux qui, d'après la règle même de saint Philippe, doivent pendant l'office alterner avec les homélies. C'est ainsi qu'il faisait de ces heures de plaisir, de ces « Quarante heures » que profanait le monde, des heures de prière et de piété.

Sa première œuvre fut un oratorio : la *Conversion de saint Guillaume, duc d'Aquitaine*. Exécutée au couvent de Sant'Agnello Maggiore en 1731, elle y fut très admirée. Pergolèse avait alors vingt et un ans et ne devait plus vivre que cinq années : ce fut assez pour son génie et pour son infortune. Deux ou trois opéras malheureux le détournèrent un instant de la musique dramatique. Résolu de l'abandonner, il écrivit à cette époque trente trios pour deux violons et basse, plusieurs messes, des vêpres et des cantates. Mais le théâtre bientôt le ressaisit. Acclamée en 1733 sur la petite scène de San Bartolomeo, la *Servante maîtresse* fit la gloire du jeune maître. Deux ans plus tard, à Rome, l'*Olympiade* la défit ; l'*Olympiade* injustement sifflée, tandis que triomphait, injustement aussi, le *Nerone* de Duni. C'est en conduisant la tumultueuse représentation de l'*Olympiade* que Pergolèse assis au clavecin reçut, dit-on, une orange en plein visage. Affolé de douleur et de honte, il s'enfuit à Lorette, où il avait été nommé maître de chapelle. Il y portait, avec un front outragé, un cœur blessé à mort. Sa vingt-cinquième année, la dernière de sa vie, avait été fatale non seulement à sa renommée, mais à ses amours. Un jour, raconte le biographe le mieux informé de Pergolèse, un jour une fille de noble race, Maria Spinelli, vit entrer chez elle ses trois frères. Tirant leurs épées ils lui dirent que, si dans trois jours elle n'avait choisi pour époux un homme d'une naissance égale à la sienne, de ce fer qu'ils tenaient à la main périrait Pergolèse le musicien, parce qu'elle l'aimait et qu'elle en était aimée. Au bout des trois jours ils revinrent : leur sœur avait obéi et s'était fiancée à Dieu. Maria prit l'habit des Clarisses. Un an plus tard, le 11 mars 1735, la cloche du couvent de Sainte-Claire sonnait le glas, et dans la chapelle Pergolèse mourant dirigeait lui-même l'office funèbre de sa pauvre morte [2].

De Lorette, où il avait commencé le *Stabat Mater*, il revint à Naples pour l'achever et pour mourir à son tour. La phtisie le consumait. On lui conseilla le tiède séjour de Pouzzolos. Des Franciscains recueillirent dans leur monastère celui qui devait être jusqu'à la fin un pauvre de Jésus-Christ. Mais leur charité ne put le guérir. Brisé par la toux et tremblant de fièvre, il défaillait en écrivant ce *Stabat* que lui avait commandé et payé d'avance (dix ducats !) une pieuse congrégation. Un jour que Feo, son ancien maître, était venu le visiter et le suppliait de suspendre son travail : « Hélas ! murmura-t-il, je n'ai pas de temps à perdre si je veux tenir ma promesse. Triste, misérable ouvrage ! Dieu sait comment la postérité le jugera. Ils me l'ont payé dix ducats et je crois fermement qu'il ne vaut pas dix *baiocchi* ! » Il eut du moins la consolation de le terminer. D'une main que glaçait l'agonie, il écrivit encore pour le violon, pour son instrument bien-aimé, l'admirable ritournelle du *Quando corpus morietur*. Puis il mourut et fut enseveli sans pompe dans la cathédrale de Pouzzoles. On y voit son tombeau, sur lequel on aimerait à lire le salut de Voltaire à Vauvenargues, cet autre mort jeune et charmant : « Adieu, belle âme et beau génie ! »

II

L'œuvre de Pergolèse se partage tout naturellement en ses deux chefs-d'œuvre : la *Servante maîtresse* et le *Stabat Mater*. L'un et l'autre sont du même génie, mais le second est d'une âme changée, émue et attendrie par la souffrance. Essayons de marquer ce passage ; allons, ou plutôt élevons-nous, comme fit Pergolèse lui-même, de l'ironie à la pitié, du rire à la prière et de la terre au ciel.

Deux fois admirable est la *Servante maîtresse*. Elle l'est d'abord extérieurement par l'esprit, le mouvement et la clarté, par la vivacité et la verve, par la jeunesse, une insolente et triomphante jeunesse. Elle l'est encore, et plus au fond, par l'observation morale et l'étude des caractères. C'est une merveille de musique dramatique et de psychologie musicale à la fois. De ce petit *intermezzo* [3] comme d'un germe, d'une goutte de vie, sont nés l'opéra-comique français et l'opéra-bouffe italien. Chacun des deux genres est en quelque sorte une dilution de l'œuvre essentielle de Pergolèse, et ce que tous deux ont gagné en étendue, ils l'ont peut-être perdu en profondeur. Auprès de la *Servante maîtresse* il arrive que le *Barbier de Séville* semble superficiel, la *Dame blanche* sentimentale et le *Domino noir* vaudevillesque. Une force existe en cette opérette de génie, que nulle part ailleurs on ne retrouve ainsi ramassée et intacte. Et cette force a quelque chose de primitif et de rude, parfois même une sécheresse, une âpreté, qu'en France comme en Italie la mélodie bientôt dépouillera. Par ce nerf et cette verdeur le Pergolèse de la *Servante maîtresse* ressemble encore à Marcello. S'il n'eut jamais l'ampleur et la magnificence du grand Vénitien, il en eut d'abord la fermeté, la mélodie aux angles droits, aux arêtes vives. Et cette carrure mélodique fait toute l'œuvre un peu rigide, ou rigoureuse. Elle est charmante, exquise, mais avec un arrière-goût amer ; œuvre sinon de moraliste, au moins de psychologue ironique et sans indulgence. Avant de l'élever sur les hauteurs divines du *Stabat*, comme Pergolèse a rabaissé l'idéal féminin ! Impossible de railler avec plus de malice, pour ne pas dire de mépris, la vieille et pitoyable aventure des ancillaires amours. La *Servante maîtresse* représente par la musique une des formes les plus vulgaires de l'éternelle lutte, de la rencontre de l'homme et de la femme, terrible ou ridicule dès qu'elle n'est plus un duo mais un duel. Le duel est ici entre la vieillesse amoureuse et la jeunesse effrontée. Uberto peut prendre place dans le groupe des barbons classiques, à côté d'Arnolphe et de Bartolo ; non, pas à côté : au-dessous, car son aine est plus médiocre que la leur. Quant à Serpina, Rosine auprès d'elle est une ingénue. Serpina, ce n'est pas la rusée pupille, ni même la soubrette maligne, c'est dans toute la réalité, presque dans tout le réalisme du mot, la servante. C'est plus encore : la femme, l'ennemie ; non certes l'ennemie tragique, la guenon du pays de Nod, comme dit M. Dumas fils, mais l'ennemie charmante et mélodieuse, l'immortelle sirène. Celle-ci, fût-ce au pays napolitain, n'habite pas toujours les flots bleus ; elle fait parfois le ménage, voire la cuisine, en « cotillon simple et souliers plats. »

Sous presque chaque page de la *Servante* affleure un fond de dureté. A tout moment une pointe aiguë dépasse et blesse. Du premier air d'Uberto, par exemple, il est impossible que l'oreille ne sente pas les aspérités. Quant au rôle de Serpina, c'est une merveille d'ironie impérieuse et cassante. Il n'est fait que de rythmes incisifs, de notes piquées, de phrases courtes, irritées et irritantes. Toutes ailées et toutes armées, c'est un essaim de guêpes que cet essaim de mélodies. Oui de mélodies, et de mélodies seulement. Jamais plus qu'ici le génie mélodique ne fut par lui-même et par lui seul efficace. Ici toute expression, toute vérité, toute beauté est contenue dans le chant. L'accompagnement, et par conséquent l'harmonie, existe à peine : le premier violon double constamment la voix, et les basses ne servent guère qu'à marquer la mesure. La mélodie de Pergolèse a fait comme Serpina elle-même : pour être plus agile, elle s'est court vêtue aussi.

La page capitale de la *Servante maîtresse*, le chef-d'œuvre du chef-d'œuvre, est assurément le fameux duo, que Rousseau jadis admirait tant. C'est ici que la comédie musicale a son centre ou son sommet. Du duel entre les deux personnages voici la passe décisive. Serpina attaque la première, à fond et tout droit : « Vous m'épouserez, je le vois à ces petits yeux fripons, voleurs, malins ; vous avez beau dire non, eux me font signe que si [4]. » Hardie jusqu'à l'impudence, la phrase est musicale autant qu'expressive ; elle chante et parle à la fois. Elle détache les mots à effet : *furbi, ladri, malignetti*. Tandis qu'elle escamote les : *no, no, no*, elle marque au contraire les : *si, si, si*, de notes brillantes. La riposte d'Uberto : « *Signorina, v'ingannate !*... Vous vous trompez, mademoiselle, » imite l'attaque : à la tonique répond la dominante ; c'est la modulation classique, par où la symétrie s'établit dans le duo. Puis de la première phrase une autre se déduit, non plus impérieuse, mais coquette, prompte à se parer d'un rien : d'une syncope qui l'avive, d'un éclat spirituellement emphatique, d'un *rallentando* qui l'alanguit. Avec une largeur, une finesse aussi dont la musique de ce temps offre peu d'exemples, les deux caractères se développent en s'opposant. Aux agaceries de Serpina, à l'insolence de sa jeune victoire, Uberto ne répond déjà plus qu'en grondant, par une sorte de ronron sénile, à la fois honteux et satisfait. Toujours mélodique, rythmé toujours, presque symphonique parfois, le duo longtemps se poursuit, et jusqu'à la fin, en dépit de libres épisodes, d'incidences exquises, l'alternative et le choc des *no* ! et des *si* ! lui donnent la précision un peu sèche et comme la rigueur logique d'une discussion.

Cinquante-trois ans après le duo de la *Servante maîtresse*, entre un maître également et non plus une servante, mais une soubrette, sur des *si* et *dos/io* qui se répondront de même, un autre duo se chantera. Oui, tout autre sera dans les *Noces de Figaro* le duo du comte avec Suzanne. Ici encore la femme commande et triomphe ; elle se moque, elle rit, et l'homme une fois de plus est sa dupe. Mais quelle différence ! Dès les premières mesures : *Perche, crudel, fin'ora Fanni languir cosi* ! quelle langueur en effet, au lieu de quelle vivacité ! « *Languir* », voilà bien le mot qui donne le ton, voilà bien le diapason sentimental de presque tout ce duo. M. Cherbuliez à propos des *Noces* justement parlait un jour des « enchantements d'une musique qui fond le cœur ». En vérité, de Pergolèse à Mozart, quelque chose en musique s'est fondu. Ne nous opposez pas qu'une illusion nous abuse et que nous transportons dans la musique des nuances qui ne sont que littéraires. Littéraires, il est vrai qu'elles le sont d'abord, et c'est entre les deux sujets et les deux situations, entre les personnages de l'intermède italien et ceux de la comédie de Beaumarchais que préexistent les différences. Si verdissante, comme dit Figaro, que soit Suzon, elle est moins haute en couleur, elle a quelque chose de moins cru, ou de moins dru, que Serpina. Elle aussi veut se faire épouser, mais ce n'est pas par son maître. Sans compter que ce maître, le bel Almaviva, n'est point un bonhomme Cassandre, et que sous les grands marronniers, ce soir, Suzette serait moins à plaindre que ne le sera Serpina en l'alcôve de son barbon. Tout cela, les mots sans doute le disent les premiers ; mais en leur langage les notes le disent aussi. N'écoutons plus qu'elles ; oublions s'il se peut le théâtre, les personnages et jusqu'aux paroles. Nous entendrons encore les mêmes choses. Nous les entendrons en un sens moins précis peut-être et moins particulier, mais plus profond. Nous entendrons qu'il ne s'agit pas seulement ici de deux duos ou de deux comédies, mais de deux états ou de deux étapes de la sensibilité. Nous reconnaîtrons qu'un souffle tiède et d'une divine douceur a passé, et qu'il s'est insinué dans la musique, dans l'âme mystérieuse des sons, pour la renouveler et l'attendrir.

III

De cette douceur nouvelle, avant Mozart et chez Pergolèse déjà, nous allons trouver les prémices. Il y a dans l'œuvre du maître napolitain trois canzones où l'on voit en quelque sorte la mélodie de la *Servante maîtresse* se détendre et s'assouplir. La première dit ceci : « Toute peine, fût-ce la plus cruelle, cette âme affligée, désolée, la supporterait, si du moins elle caressait l'espérance de pouvoir se consoler. Mais, hélas ! tout espoir lui manque ; il n'y a moyen, il n'y a lieu de rien espérer [5]. » — Et de la seconde *canzone* voici le texte : « Si tu m'aimes, si tu soupires pour moi seule, gentil berger, je plains ton martyre et j'aime ton amour. Mais si tu penses que toi seul je te doive aimer en retour, oh ! alors, petit berger, tu risques fort de te méprendre. Belle rose de pourpre, qu'aujourd'hui cueillera Silvie ! Sous le prétexte de l'épine, elle la dédaignera demain. Mais des hommes le conseil par moi ne sera pas suivi, et parce que j'aime le lis, je ne dédaignerai pas les autres fleurs [6]. »

Charmantes l'une et l'autre, les deux romances ont le même charme. Voici que sur la mélodie de Pergolèse une ombre s'est répandue. Le mode d'abord a changé : le mineur alangui succède au majeur éclatant. Ce n'est pas tout : cette mélodie, si droite, si ferme dans la *Servante*, ondule ici et ploie ; elle se laisse fléchir et même elle se laisse orner. Oh ! d'ornements légers et mélancoliques, mais enfin d'ornements. Ainsi parée, bien que naturelle encore, rêveuse déjà mais encore souriante, elle est deux fois délicieuse. Lisez surtout la déclaration ou l'avertissement au petit berger. Ce morceau, dans le recueil d'où nous le tirons, se trouve à côté d'un air de Serpina ; mais qu'il en est éloigné par le sentiment ! Qu'il y a de distance entre ces deux âmes de femme ! Qu'il y a loin de cette sécheresse à cet attendrissement ! Là tout s'accusait en relief ; ici tout s'enveloppe et se voile, plus rien ne heurte et plus rien ne froisse. La chanteuse inconnue trahira le *pastorello* ; elle s'en accuse d'avance, mais elle s'en excuse aussi, et dans cette excuse féminine on sent un si joli regret, un si gentil chagrin dans cet aveu de fragilité, d'impuissance à demeurer fidèle, qu'avec une indulgente tristesse on ne peut ici que sourire et pardonner.

Pergolèse eut non seulement la grâce dans la mélancolie, mais jusque dans la douleur. Il a laissé un de ces chants extraordinaires, uniques même, où semblent aboutir et se résumer des siècles de beauté ; un de ces chants qui suffiraient à témoigner d'un art et à permettre de le reconstituer, alors que tout, hormis ce chant, en aurait péri. Oui, ne demeurât-il de la mélodie *italienne que le* Tre giorni son che Nina, *on en connaîtrait la tristesse, comme par le* Cieli immrnsi *de Marcello on en connaîtrait la joie.

« Depuis trois jours, Nina sur sa couche est étendue. Fifres, cymbales, timbales, éveillez ma Ninette, et qu'elle ne dorme plus [7]. » Voilà tout : trois lignes de poésie, huit lignes de musique, et un chef-d'œuvre. Je n'en connais pas de plus court. Surtout je n'en connais pas de plus exclusivement mélodique. Nulle part la mélodie italienne n'offre rien de moins harmonisé, rien de plus linéaire et de plus nu. Mais de ces lignes le dessin est adorable ; divins sont les contours de cette nudité. Il y a même ici, comme en toute beauté parfaite, de la raison, de la logique, et de cette phrase musicale il faut admirer jusqu'à la syntaxe. Si brève qu'elle soit, comme elle est composée ! comme elle s'équilibre avec symétrie et sans raideur ! Elle ne module même pas, ou à peine, et passant dans le ton relatif mineur, elle le traverse, mais sans s'y arrêter. Est-il nécessaire de signaler, ou de rappeler, car tout cela est connu, le lyrisme de l'apostrophe : *Pifferi, cembali, timpani* ! Faut-il montrer comment ce nouveau motif se déduit du premier et comment il le ramène ? Qui donc enfin, n'eût-il entendu qu'une seule fois monter la gamme déchirante : *Svegliatemi Ninetta* ! n'en a conservé dans son âme la trace et comme le sillon douloureux ! Un mystère plane sur cette page sublime, un mystère d'amour et de deuil. Qui dira quelle fut Ninette, et sous quel balcon désert, sous quelle fenêtre à jamais close, la triste aubade fut chantée ! Elle a quelque chose de funèbre ; ce n'est point une endormie qu'elle veut éveiller, c'est une morte. On songe en l'écoutant à toutes les vierges de la poésie et de l'histoire que le trépas a pâlies, à l'une d'elles surtout : à la jeune fille de l'Evangile, que ressuscita Jésus. Pour elle aussi v déjà les musiciens et les joueurs de flûte étaient arrivés. » — *Pifferi, cembali... Telle est l'ardeur de cet appel, qu'une douleur véritable lui demanderait peut-être un pareil miracle ; peut-être devant une morte bien-aimée, ce chant vous monterait-il au cœur avec l'espoir insensé, presque l'attente de la voir se réveiller.*

IV

Le *Stabat Mater* n'est pas plus beau. Pergolèse avait chanté la souffrance humaine avec tant de noblesse, de tendresse et de pureté, qu'il n'eut qu'à chanter ainsi les divines souffrances pour les chanter dignement.

Il n'est pas sans intérêt, en achevant ces trois études sur la musique italienne, de rencontrer un même sujet, que, du XIIIe siècle au XIXe, dans la l'orme et selon l'idéal particulier à chaque époque, cette musique a traité quatre fois. *Stabat* liturgique, *Stabat* de Palestrina, *Stabat* de Pergolèse et de Rossini, le cycle de ces quatre œuvres enferme l'évolution complète et pour ainsi dire la courbe totale du génie italien.

Le *Stabat Mater* de la liturgie a été attribué à divers auteurs : à saint Grégoire le Grand, à saint Bonaventure, à Innocent III et au bienheureux Jacopone de Todi. D'après l'opinion la plus répandue aujourd'hui et la mieux défendue, il paraît être décidément l'œuvre de Jacopone, de ce franciscain violent et tendre, qui fut un pamphlétaire impitoyable et un poète délicieux [8]. En tout cas on ne connaît pas de copie du *Stabat* antérieure au XIIIe siècle. Que Jacopone l'ait ou non chanté le premier, ce sujet de la compassion de la Vierge hantait l'imagination du temps. Il revient souvent dans les laudes, ces chants dialogues et représentés même quelquefois par les confréries et les associations religieuses. Voici notamment, telle que la rapporte M. Gebhart [9], une laude pour le temps de la Passion. La Vierge, le Christ, le peuple et le poète lui-même se répondent : « O Pilate, ne tourmente pas mon fils. Je puis te prouver qu'on l'a accusé à tort. — Crucifie-le ! Crucifie-le, l'homme qui se dit notre roi. Selon notre loi il a péché contre le Sénat. — Dame, regarde ! ils ont pris son bras, l'ont étendu sur la croix, ont cloué la main. — Mère, pourquoi es-tu venue ? Tu me portes un coup mortel par tes larmes. — Mon fils, on m'avait appelée. Mon enfant, mon père, mon époux, mon enfant, qui t'a dépouillé ?… Mon fils, tu as rendu l'âme, mon fils blanc et vermeil, tu m'as donc abandonnée, mon fils blanc et blond, mon fils, visage charmant, mon fils, pourquoi le monde t'a-t-il si cruellement outragé ? Jean, fils qui viens de m'être donné, ton frère est mort, et j'ai senti le couteau qui m'a été prophétisé et qui a tué d'une même blessure la mère et son enfant. »

Voilà, sous la forme dramatique, le sujet dont la séquence latine donne la forme lyrique. Quant à la musique du *Stabat*, est-elle comme le texte l'œuvre de Jacopone ? Bien que rien ne le prouve, il est permis de le croire, car Jacopone était musicien et musicien compositeur ; mais il se pourrait aussi qu'il eût adapté les paroles du *Stabat* à quelque mélodie populaire de son temps et de son pays. Tout le monde connaît le *Stabat* liturgique ; pour le bien connaître, il faut l'entendre le soir du vendredi saint à Notre-Dame, chanté par des centaines de voix d'hommes, escortant de son grave unisson les reliques portées à travers les nefs : les épines, le clou, l'éclat sacré du bois même contre lequel s'est tenue debout la Mère douloureuse. « La liturgie catholique, écrit Ozanam [10], n'a rien de plus touchant que cette complainte si triste, dont les strophes monotones tombent comme des larmes ; si douce qu'on y reconnaît bien une douleur toute divine et consolée par les anges ; si simple enfin dans son latin populaire, que les femmes et les enfants en comprennent la moitié par les mots, l'autre moitié par le chant et par le cœur. »

Ozanam a raison ; le Stabat est simple, il est triste et il est doux. Peut-être même un peu trop doux : hommage de pieux respect plutôt que de tendresse émue. Il manque à cette psalmodie en majeur la note pathétique, cette note sensible altérée, par exemple, qui fait si tragique un autre chant contemporain du *Stabat*, le *Dies Iræ*. Tous deux se ressemblent encore par l'affranchissement des lois prosodiques, par le rythme et la notation en longues valeurs isochrones. Mais tandis que la mélodie du *Dies Iræ* commence par descendre, celle du *Stabat* monte au contraire, comme pour se dresser elle aussi debout au pied de la croix. Enfin la plus notable particularité du *Stabat* liturgique, par laquelle il se distingue de tous les autres, c'est la division en strophes identiques. Elle donne au chant un grand caractère d'unité, quelque chose aussi de surnaturel, de supérieur à la brièveté de nos douleurs humaines, quelque chose d'inconsolable éternellement.

Le *Stabat* de Palestrina n'est pas moins un que celui de la liturgie ; il l'est seulement par d'autres moyens : non plus par la répétition, mais par la continuité. Sans un arrêt et sans une redite, il se développe, beau de toutes les beautés qui font décidément de la musique palestinienne la musique religieuse par excellence, la divine musique. Nous-même en ce moment, après tant de jours passés dans l'enchantement de la mélodie, de la plus magnifique et la plus touchante, celle des Pergolèse et des Marcello, il nous plaît de revenir un instant au vieux maître de l'harmonie et de goûter une dernière fois l'infinie douceur des consonances inaltérées. Le *Stabat* de Palestrina est écrit pour deux chœurs à quatre voix, tantôt alternés, tantôt réunis. Dès le premier verset ils se répondent. Des accords, puis des accords, et des accords toujours s'enchaînent ; toujours parfaits, leur perfection successive s'engendre pour ainsi dire elle-même à l'infini. Ils flottent longuement et lentement ils descendent, comme feraient des voiles légers, des brunies ou des ombres. Ils créent autour de nous une atmosphère, un asile où l'âme en repos, en solitude et en sûreté, s'enveloppe de tendresse et de mélancolie. Bien que cette mélancolie et cette tendresse se soutiennent jusqu'au bout, Palestrina pourtant a rompu ici avec la monotonie du chant liturgique. Il a introduit dans la longue complainte tout ce que la forme de la polyphonie vocale comporte de variété, de liberté même. Musique avant tout intérieure et contemplative, avons-nous dit naguère. Il faut le redire devant ce dernier chef-d'œuvre de contemplation et d'intériorité. Sans jamais s'emporter au dehors, sans quitter le domaine inviolé de la méditation et de la prière, cette musique arrive à surprendre et à noter les moindres mouvements, les nuances les plus délicates. Ouvrons le *Stabat* palestinien à ce tercet :

Vidit suum dulcem natum

Moriendo desolatum,

II. MARCELLO

Dum emisit spiritum.

Nous trouvons sur les derniers mots une explosion presque dramatique, un échange entre les deux chœurs d'accords sonnant à pleines voix, unis pour finir dans un majeur éclatant. Lisons encore :

Eia ! Mater, fons amoria.
Me sentire vim doloris
Fac ul tecum lugeam.

« O mère, source d'amour, faites que je sente la force de votre douleur, faites que je pleure avec vous ! » — Que voyons-nous ici ? Une légère altération de rythme : changement de la mesure à quatre temps en mesure à trois temps ; la carrure par conséquent détruite, le mouvement soudain ralenti ; enfin l'éclat des voix brusquement étouffé. Il n'en faut pas davantage au génie de Palestrina pour marquer délicieusement le passage du récit à l'oraison. Le regard alors quitte la croix et s'abaisse ; l'âme se reploie et se referme avec un adorable mouvement d'humilité, de mystique pudeur. Elle s'applique la leçon terrible ; elle s'approprie les mérites du sang divin et des divines larmes. Ce tercet mystérieux après ce tercet tragique, c'est en quelque sorte la conclusion pratique du spectacle sacré ; c'est la morale naissant de la foi ; c'est le dernier trait d'une psychologie religieuse si profonde et si tine, que toute autre paraît superficielle et sommaire à côté.

Toute autre, celle d'un Pergolèse exceptée. Nulle part aussi bien qu'en deux ou trois versets de l'un et de l'autre *Stabat*, n'apparaît la même perfection également réalisée par deux procédés aussi divers : polyphonie et mélodie. La voici en lin, la mélodie idéale ; belle deux fois, de beauté et de vérité, la voici telle que l'Italie l'a faite, hélas ! et telle que bientôt elle la défera. En écoutant la première strophe du Stabat de Pergolèse, souvenez-vous des *Psaumes* de Marcello. Vous sentirez qu'à la mélodie alors manquait encore l'onction, manquait encore l'amour. Rien ne lui manque plus désormais. Elle ne s'est pas seulement attendrie ; elle s'est allongée aussi. Le souffle en est devenu plus durable à la fois et plus doux. Quel exorde musical eut jamais chez Marcello cette flexibilité de lignes, ces contours ployants et cette « longueur de grâces » ? La phrase de Pergolèse, il est vrai, n'ose encore aller que de la tonique à la dominante ; elle ne suit que la modulation primitive et en quelque sorte le raisonnement élémentaire de la logique musicale, mais elle le suit plus librement. Elle arrive au même but que la phrase de Marcello, mais par un plus aimable chemin, où l'on commence à rencontrer des halles et des fleurs. La mélodie n'est pas encore ornée, mais déjà elle n'est plus nue. Enfin, par un dernier égard, par un raffinement suprême de respect et de tendresse, Pergolèse n'a voulu confier qu'à deux voix de femmes le plus féminin des chants sacrés. Toute voix masculine lui sembla trop rude, fût-ce pour compatir à de maternelles douleurs.

Mais, dans l'histoire de l'art italien, le *Stabat* de Pergolèse ne marque pas seulement un point d'arrivée ; il indique aussi un point de départ. On y trouve la mélodie fixée en la plénitude, en la perfection de son être ; on l'y entrevoit déjà penchant du côté où elle tombera un jour. Telle ou telle strophe, le *Quæ mœrebat* ou l'*Inflammatus*, contient le germe d'un mal, le principe d'une décadence qui sera brillante, somptueuse même, mais qui sera la décadence pourtant. « *Quæ mœrebat et dolebat*; elle qui s'affligeait et souffrait. » Par quelle singulière contradiction ces tristes paroles ont-elles provoqué, chez Pergolèse, et jusque chez Palestrina, ce mouvement et presque ce transport ! Oui, Palestrina lui-même les a revêtues le premier non seulement de force, mais d'allégresse. Il les a marquées de syncopes éclatantes, en deux ou trois mesures où s'annonce, deux siècles à l'avance, l'air éclatant et syncopé aussi de Pergolèse. A cet air, écrit pour *contralto*, le timbre de cette voix donne, il est vrai, quelque gravité. Mais avec cela, malgré cela, quel accent de fête ! Quel retour, quelle rentrée dans l'art religieux, de l'âme italienne, de l'âme de joie retrouvée et incapable de se contraindre à de trop longues douleurs ! Admirons ici la beauté pour elle-même, eu elle-même, et non plus au service de la loi. Une strophe pareille n'est plus d'église, mais de concert, presque de salon. C'est dans un salon, d'ailleurs attentif et recueilli (on était en carême), mais enfin dans un salon, que nous entendîmes pour la première fois le *Stabat* de Pergolèse, et des pages comme celle-ci n'y parurent point déplacées. Une assistance choisie, un peu mondaine, écoutait ; les deux cantatrices étaient en toilette sombre, mais en toilette pourtant, et cette œuvre et ce milieu s'accordaient harmonieusement. Si maintenant du *Stabat* de Pergolèse, ne fût-ce que pour un instant, nous passions à celui de Rossini, c'est là que nous trouverions le germe, le germe fâcheux épanoui : non plus seulement comme dans Pergolèse quelques touches trop vives, mais un éclat continu et parfois blessant ; une œuvre d'un bout à l'autre retentissante de joie ; toute onction absente, toute douleur méconnue ; toute prière changée en cavatine d'opéra, l'arbre de la croix disparu sous les fleurs. Corruption, avons-nous dit, et décadence. Mais est-ce bien ce qu'il faut dire ? Qu'y a-t-il après tout ici que le terme fatal d'une évolution nécessaire, l'emportement de l'âme italienne jusqu'au bout, jusqu'au de la de soi-même, le triomphe du génie d'une race se soumettant un sujet au lieu de s'y sou mettre ? N'en est-il pas ainsi toujours, et des artistes, des grands artistes, lesquels furent jamais les plus nombreux, ceux qui s'effacent ou ceux qui s'affirment ? Ailleurs même qu'en Italie, en Flandre, rappelez-vous au milieu de quelles fanfares de couleurs, de quelles symphonies triomphales, expire sur les toiles de Rubens le fils de la Mère désolée. Souvenez-vous de certaine *Montée au Calvaire*, qui se voit au musée de Bruxelles. « Le Christ est mourant de fatigue, sainte Véronique lui essuie le front ; la Vierge en pleurs se précipite et lui tend les bras ; Simon le Cyrénéen soutient le gibet ; — et, malgré ce bois d'infamie, ces femmes en larmes et en deuil, ce supplicié rampant sur ses genoux, dont la bouche haletante, les tempes humides, les yeux effarés font pitié, malgré, l'épouvante, les cris, la mort à deux pas, il est clair pour qui sait voir, que cette pompe équestre, ces bannières auvent, ce centurion en cuirasse qui se renverse sur son cheval avec un beau geste, et dans lequel on reconnaît les traits de Rubens, tout cela fait oublier le supplice et donne la plus manifeste idée d'un triomphe. Telle est la logique particulière de ce brillant esprit. On dirait que la scène, est prise à contresens, qu'elle est mélodramatique, sans gravité, sans majesté, sans beauté, sans rien d'auguste, presque théâtrale. Le pittoresque, qui pouvait la perdre, est ce qui la sauve ; la fantaisie s'en empare et l'élève. Un éclair de sensibilité vraie la traverse et l'ennoblit. Quelque chose comme un trait d'éloquence en fait monter le style. Enfin je ne sais quelle verve heureuse, quel emportement bien inspiré, font de ce tableau justement ce qu'il fallait qu'il devînt, un tableau de mort triviale et d'apothéose [11]. »

Tachons d'entendre certaines pages de musique italienne, le *Quæ mœrebat* de Rossini, par exemple, et même celui de Pergolèse, comme Fromentin voyait certains tableaux de Rubens. Laissons-nous gagner nous aussi par cet emportement bien inspiré, cette verve heureuse, par ces traits d'éloquence et ces éclairs, par cette mélodie qui sauve ce qu'elle pouvait perdre et change le deuil en apothéose. Au fond a-t-elle si grand tort ? Que s'est-il accompli sur le Calvaire ? Un mystère d'horreur, mais aussi de bénédiction ; un forfait, mais un bienfait inouï. De la mort passagère y naquit la vie éternelle, et Pergolèse, en éclairant de quelque joie sou douloureux sujet, n'a peut-être fait que le mieux comprendre, et le révéler plus profondément.

Et puis, et surtout n'enviez pas au jeune mourant ce furtif sourire, ce rayon sitôt évanoui. Un jour peut-être (en son pays il en est de si beaux !) un jour il aura regardé au dehors, et voyant que le ciel était pur et que les flots étaient bleus, il aura cru guérir, il aura cru revivre. Alors son cœur a battu d'espoir, il a chanté son illusion ravie, la mélodie heureuse a oublié les tristes paroles, et à cet oubli d'un instant la Mère de douleurs elle-même aura certainement pardonné.

Aussi bien cet instant fut court. « Quand l'espérance trop lente commençait à flatter sa peine, la mort s'est offerte à sa vue [12]. » Le dernier tercet du *Stabat* de Pergolèse est sublime. « *Quando corpus morietur...* Quand mourra le corps, faites qu'à l'âme soit donnée la gloire du Paradis. » Je ne sais pas une autre page de musique où la mort soit ainsi acceptée, où soit ainsi demandé le ciel. Cela est encore plus ravissant, encore plus divin que l'*Eia mater* de Palestrina. Le retour sur soi-même est ici plus direct et surtout plus douloureux. Pauvre enfant, qui chantait à la fois et l'agonie divine et sa propre agonie ! *Quando corpus morietur*. En cette strophe finale, quelle poignante douceur ! Les paroles semblent ne prier que vaguement et de loin pour notre corps à tous qui doit mourir un jour ; mais les notes prient, et de quelle immédiate et personnelle prière ! pour un pauvre corps, hélas ! qui va mourir aujourd'hui !

Nous prendrons ici congé de la mélodie italienne. Après l'avoir aperçue ou plutôt soupçonnée sous la polyphonie de Palestrina, nous l'avons vue se dégager et croître, acquérir avec Marcello toute sa force, toute sa grâce avec Pergolese, et donner, pour ainsi

II. MARCELLO

dire, en la même saison, des fruits avec des fleurs. Si grands que soient les maîtres qui suivront, ils ne le seront pas plus que le maître des *Psaumes* et celui du *Stabat* ; d'un chant de Pergolese, un chant du seul Mozart pourra surpasser la beauté, et Mozart n'est pas Italien, ou ne l'est qu'à demi. Deux fois, à la fin du XVIe et au milieu du XVIIIe siècle, le génie musical italien a réalisé l'idéal. Il a porté jusqu'à la perfection deux formes de l'art : la polyphonie vocale et la mélodie. Une troisième forme va naître, qui ne naîtra point italienne. Plus de dix années avant la mort des Pergolese et des Marcello, elle s'élaborait sur le clavier de Sébastien Bach [13]. Ce n'est encore que la fugue ; mais vienne seulement Haydn, ce sera la symphonie, et par la symphonie une fois encore la musique sera renouvelée.

NOTES

1. Voyez la Revue du 15 octobre 1894 et du 1er avril 1895.

2. Voir sur ce point et sur tout ce qui touche la vie et l'œuvre de Pergolèse : la Scuola musicale di Napoli e i suoi Conservatorii, con uno sguardo sulla storia della musica in Italia, per Francesco Florimo ; Napoli, 1882.

3. On appelait ainsi en Italie des ouvrages légers et comiques qui se jouaient entre deux actes d'un opéra sérieux « per sollevare l'uditorio dalla soverchia attenzione ».

4.
Le conosco a quegli occhietti
Furbi, ladri, malignetti,
Che, sebben voi dite no,
Pur accennano di si.

5.
Ogni pena più spietata
Soffriria quest' alma afflitta,
Desolata,
Se godesse la speranza
Di potersi consolar.

Ma, ohime ! cade ogni speme,
Non c'è luogo, non c'è vita,
Non c'è modo di sperar !

6.

Se tu m'ami, se tu sospiri
Sol per me, gentil pastor,
Ho dolor dei tuoi martiri,
Ho diletto del tuo amor.
Ma se pensi che soletto
Io ti debbo riamar,
Pastorello, sei soggetto
Facilmente a t'ingannar.
Bella rosa porporina
Oggi Silvia sceglierà,
Colla scusa della spina
Doman poi la sprezzerà.
Ma degli uomini il consiglio
Io per me non seguirò :
Non perche mi piace il giglio,
Gli altri fiori sprezzerò.

Ces deux romances figurent dans un recueil de vieux airs italiens qu'on ne saurait trop recommander : Arie antiche, raccolte per cura di A. Parisotti ; chez Ricordi.

7.

Tre giorni son che Nina a letto se ne sta.

Pifferi, cembali, timpani,

Svegliate mi Ninetta, acciò non dorma più.

8.   Sur l'attribution du Stabat à Jacopone di Todi, voir :

B. Hauréau, de l'Institut, Notices et extraits de quelques manuscrits latins, t. VI, p. 188 : analyse du manuscrit 333, année 1893 ;

Ulysse Chevalier, Poésie liturgique traditionnelle Desclée, Tournai, 1894, p. 277 ; — Poésie liturgique du moyen âqe Lyon,

II. MARCELLO

Emmanuel Vitte, 1892.

Sur la curieuse figure de Fra Jacopone, consulter : A.-P. Ozanam, les Poètes franciscains en Italie au XIIIe siècle ; Paris, Lecoffre ; et M. Emile Gebhart, l'Italie mystique ; Paris, Hachette.

9. Op. cit.

10. Op. cit.

11. Eugène Fromentin, les Maîtres d'autrefois.

12. Vauvenargues.

13. La première partie du Clavecin bien tempéré date de 1722.

www.ingramcontent.com/pod-product-compliance
Lightning Source LLC
Chambersburg PA
CBHW050232230526
45470CB00005B/1920